PETITES LEÇONS DE PSYCHOTHÉRAPIE

Jean-Charles Bettan

Du même auteur

Guéris-moi, de l'hypnose symptomatique à l'hypnoanalyse

L'affaire des mouvements oculaires

PETITES LEÇONS DE PSYCHOTHÉRAPIE

Jean-Charles Bettan

ISBN 978-2-9523626-4-1

Jean-Charles Bettan
75 avenue du Docteur Picaud
06150 Cannes-La Bocca
Téléphone 00 33 (0)4 93 48 95 53
http://jeancharlesbettan.fr

SOMMAIRE

*

PROLOGUE

Il y a un temps pour tout. Un temps pour expérimenter. Un temps pour tirer les leçons de l'expérience. Et un temps pour transmettre. Mois après mois, année après année, j'ai consigné et synthétisé le fruit de milliers de consultations avec l'idée de partager un jour ce fruit avec celles et ceux qui choisiraient d'emprunter le chemin sur lequel je me suis engagé il y a bien longtemps.

Voici donc cette somme de réflexions. Les pages qui suivent peuvent être lues comme un journal clinique, un manuel de psychothérapie, un carnet de notes, une trousse à outils à l'usage des thérapeutes qui voudraient s'en inspirer, et aussi comme une poignée de mises au point destinées aux patients et futurs patients.

En tant qu'hypnothérapeute, j'ai déjà eu l'occasion de dire dans un ouvrage précédent combien me semble vaine - et dangereuse - une pratique thérapeutique qui ne se fonderait pas sur les leçons tirées de l'Histoire de la thérapie d'une part, et sur une thérapie personnelle suffisamment approfondie d'autre part. Ce sont là à mon sens les garants incontournables d'un socle éthique préservant les intérêts du patient. J'ai le regret de dire que ces fondamentaux n'existent quasiment pas à l'heure actuelle dans l'univers de la psychothérapie, que la carence vienne des formateurs ou de l'absence d'un cadre législatif cohérent.

En tant que psychanalyste, je partage pleinement le sentiment de Sigmund Freud qui disait qu'avec le métier d'éducateur et celui de médecin, la profession de psychanalyste est un métier *impossible*. Encore plus que tout autre dans l'univers de la thérapie, celui-ci impose d'une façon indiscutable d'avoir parcouru à titre personnel ce long chemin qu'est l'analyse avant de prétendre accompagner un analysant qui choisirait de s'engager sur ce même chemin. Sans ce préalable, l'intégrité des personnes tentées par l'aventure analytique ne saurait être préservée.

Si cet ouvrage peut allumer ici et là quelques lumières permettant de faire s'interroger des praticiens, des patients, ou des lecteurs curieux, j'aurai atteint mon but.

UN JOINT EN CAOUTCHOUC

Je ne me peux m'empêcher de sourire encore lorsque je me souviens de ce début de séminaire à Aix-en-Provence. Ce devait être vers 2005. Après m'être présenté aux participants, j'ai élevé devant moi, entre le pouce et l'index, un petit joint en caoutchouc en disant « *Ceci est un joint en caoutchouc. J'invite chacun d'entre vous à le toucher pour évaluer sa souplesse, son élasticité, et vous convaincre de la réalité de son existence entre vos doigts* ». Puis, après que tous les participants aient pu manipuler le joint, qui avec un sourire, qui avec une mine dubitative, j'ai commencé à expliquer le pourquoi de cette présentation un peu étrange.

Le caoutchouc est une matière qui peut être compressée et assurer l'étanchéité entre deux pièces métalliques. Il s'agit là d'une certitude, éprouvée de façon universelle, et qui mérite donc d'être présentée sous la forme affirmative. Si nous demandons à un plombier de changer le joint d'un robinet qui fuit, l'artisan va s'appuyer sur cette certitude qu'il a déjà eu l'occasion de vérifier des centaines de fois. Il va appliquer le protocole consistant à dévisser, changer le joint, et revisser.

Allons plus loin : si vous avez dix robinets qui fuient et que vous demandez à dix plombiers différents de changer le joint, tous les robinets seront réparés. Nous dirons en termes juridiques que chaque plombier a rempli l'obligation de résultat à laquelle il est tenu. Il en va de même pour la plupart des artisans auxquels vous demandez d'effectuer une prestation donnée, tous corps de métiers confondus. Il en va de même également chez votre épicier : si vous demandez un kilo de tomates, vous devez obtenir un kilo de tomates en échange duquel vous paierez le prix demandé.

A cette obligation de résultats, le droit français oppose l'obligation de moyens. Exemple : si vous engagez un avocat pour vous défendre dans un litige, cet avocat va mettre en oeuvre l'ensemble de ses compétences, il va déployer tout son savoir-faire et ses connaissances, c'est-à-dire l'ensemble de ses moyens pour tenter de répondre à votre attente. Pourtant, le résultat de sa démarche n'est en rien garanti car de nombreux paramètres peuvent influer sur lui : les qualités de l'avocat de la partie adverse, la jurisprudence, les caprices digestifs du juge, ou encore l'effet du mauvais temps sur son humeur. Quel que soit le résultat du procès, vous devrez régler les honoraires de votre avocat car il aura mis à votre service l'ensemble des moyens dont il dispose, sans pour autant pouvoir vous garantir le succès que vous espérez. C'est cela, l'obligation de moyens, et c'est ce qui préside à de nombreux autres domaines comme, par exemple, celui de la thérapie.

C'est en effet une évidence de dire que nous ne soignons pas tous nos malades. Que nous soyons médecin, kinésithérapeute, ostéopathe ou psychothérapeute, nous avons tous une obligation de moyens, mais nous ne pouvons offrir aucune garantie quant au résultat. De cette simple évidence, il nous faut tirer une conclusion : si la technique utilisée par le praticien se trouvait sur un pied d'égalité avec le joint en caoutchouc, tous nos malades seraient guéris. S'ils ne le sont pas tous, c'est parce que la technique ne saurait être reconnue comme universelle, ses résultats n'étant pas parfaitement reproductibles. Nous devons donc chercher ailleurs l'explication de la guérison, lorsque celle-ci se manifeste.

Je vous propose pour cela de nous pencher sur deux hypothèses.

Première hypothèse : puisque ce n'est pas la technique qui guérit, c'est peut-être du côté de la relation entre le thérapeute et le patient qu'il nous faut regarder. Pour ce qui est de cette relation, la métapsychologie freudienne nous dévoile les mécanismes subtils qui président à la réussite ou à l'échec d'une démarche thérapeutique. Je songe principalement aux mécanismes transférentiels, à la fois tremplins et résistances, et j'insiste toujours pour souligner combien la compréhension de ces ressorts inconscients a pour le thérapeute quelque chose d'évidemment incomplet tant qu'ils n'ont pas été vécus au cours d'une psychothérapie ou d'une psychanalyse par le soignant, quelles que soient les compétences médicales et les qualités humaines de celui-ci. Savoir intellectuellement quels gestes il faut faire pour nager est une chose, avoir traversé la rivière à la nage en est une bien différente !

Donc, première hypothèse : tout se joue au coeur de la relation entre le praticien et le patient.

Deuxième hypothèse susceptible d'expliquer la guérison, lorsque celle-ci se manifeste : au sein même de cette relation, thérapeute et patient s'appuient tous deux sur un protocole qui étaie leur croyance partagée. Or, qu'est-ce qu'un protocole ? A quoi sert un protocole ?

Le mot protocole évoque pour moi une chorégraphie, un enchaînement de mots et/ou de gestes, un déroulé thérapeutique dans lequel il y a un début, un certain nombre d'étapes, et une conclusion. Ce déroulé n'est bien entendu pas propre à la thérapie ; il existe dans nombre d'activités humaines : le monde du travail, les pratiques religieuses, etc. Le protocole pourrait être défini comme le ciment qui lie les différents éléments d'un système, qui donne à ce système sa cohésion. Par son aspect rituélique, il confère à une pratique sa continuité, sa permanence, il en permet la transmission à des pairs, à des élèves, ou aux générations suivantes.

Pour faire un parallèle, on pourrait penser à la roue et affirmer que la roue n'a d'utilité que si elle est contact avec un sol ou une surface, quelle qu'elle soit. Autrement dit, il faut qu'une adhésion ait lieu entre la roue et ce sur quoi elle aurait la possibilité de rouler ou de tourner. Si l'on n'a pas besoin de demander à un patient d'adhérer à la cortisone ou aux antibiotiques pour que ces molécules déploient leur action, en revanche un patient a besoin d'adhérer à un protocole, à une technique, pour que ce protocole ait des chances d'agir sur lui. Car qu'est-ce que l'adhésion sinon une croyance, le crédit dont nous investissons une méthode et la tenons pour capable de nous aider ?

Vu sous cet angle, on comprend que *tout* peut être protocole, y compris bien évidemment dans l'univers de la thérapie. Même l'imposition des mains constitue un protocole. Et si, depuis de nombreuses années, l'on assiste à la naissance de centaines de thérapies dites *non conventionnelles*, cela n'a rien à voir avec de nouvelles découvertes qui auraient fait progresser ou rendu plus efficace la façon de soigner nos semblables. C'est d'abord parce que, dans sa quête de mieux-être, l'être en souffrance, devenu souvent un errant thérapeutique, continue à chercher la réponse miracle, la méthode qui, enfin, produira la guérison tant attendue. Or, dans quoi espérer trouver cette solution sinon dans ce qu'il peut y avoir de nouveau, de plus récent, parfois de plus original ? Pourtant, il faut nous rendre à l'évidence : il n'y a rien de nouveau ! Les techniques, les arguments avancés, les protocoles ne sont rien d'autre que des habillages qui recouvrent ce qui existe déjà depuis bien longtemps : la magie de la relation entre deux êtres, et la croyance forte en l'outil utilisé dans cette relation par l'un des deux individus pour apporter soulagement à l'autre.

Conclusion de cette première leçon : avec la relation entre le patient et le praticien d'une part, avec la croyance partagée en un protocole d'autre part, nous avons mis en évidence ce que j'appelle la loi des 3 P, à savoir ce lien irréfragable tissé entre le patient, le praticien, et le protocole. Nous avons de même souligné le rôle de la relation aussi bien que celui du protocole dans la partition de ces 3 P. Voilà qui devrait apporter un peu de lumière sur la scène thérapeutique, et peut-être aussi un peu plus d'humilité dans l'ego de nombreux praticiens.

LE TABOURET À 4 PIEDS

Faisons un bref résumé de notre première leçon. Nous avons conclu que, lorsque la guérison, le changement, le mieux-être se manifestent à l'issue d'une démarche thérapeutique, elle n'est nullement le fait d'une technique, d'une méthode, d'un système baptisé thérapie. Elle est seulement la conséquence de la relation entre le praticien et le patient, et/ou de l'adhésion du patient à la technique utilisée par le praticien. Autrement dit, qu'il s'agisse d'apporter du crédit à un thérapeute ou au protocole utilisé par ce thérapeute, il s'agit bien de *croire* à quelque chose que nous investissons de la capacité de nous aider.

Pour parler clair, le moteur porte alors le nom de *placebo*. Ou si vous préférez, de *suggestion*, sachant que la suggestion commence toujours par de l'auto-suggestion - pour que la graine germe, il faut que le terrain soit fertile. Vous vous souvenez bien sûr de la loi des 3 P évoquée dans notre leçon précédente, à savoir le lien entre les 3 éléments que sont le praticien, le patient et le protocole. Nous pouvons maintenant progresser de la loi des 3 P à la loi des 3 S, à savoir : tout est support, tout est système, tout est suggestion. Et donc soutenir que, ce que fait chaque praticien, dans sa spécialité et avec ses techniques, c'est une tentative plus ou moins réussie d'optimiser l'effet placebo.

J'entends déjà ici ou là des cris d'orfraie, des thérapeutes hurlant au scandale. Laissons hurler et avançons. La question utile qui se pose à nous maintenant est la suivante : existe-t-il des conditions pour que cette tentative d'optimisation de l'effet placebo soit le plus souvent possible couronnée de succès ? Pour ce qui me concerne, la réponse est oui, et pour commencer à comprendre cela, il nous faut faire un bond en arrière dans l'histoire et revenir plus de 250 ans en arrière.

Nous sommes en 1778 : Franz Anton Mesmer arrive à Paris. Docteur en médecine à l'université de Vienne, il fuit l'Autriche à cause de l'hostilité suscitée par ses pratiques considérées comme peu orthodoxes. Sa théorie du magnétisme animal est inspirée par Paracelse. Selon cette théorie, nous baignons dans un fluide universel qui maintient tout ce qui existe, les êtres vivants aussi bien que les planètes, dans une forme d'équilibre. Si la distribution de ce fluide connaît des errances, les maladies aussi bien que les catastrophes naturelles surviennent. La guérison revient à restaurer cet équilibre dans la répartition du fluide universel.

A Paris, le succès de Mesmer est immédiat. Passes effleurantes, aimants, plaques magnétiques... Le succès est tel qu'il lui faut trouver un système de thérapie collective. Ce sera le fameux baquet. Imaginez tout d'abord l'environnement. Nous sommes dans les salons d'hôtels parisiens, la lumière est tamisée, un petit orchestre joue de la musique de chambre, tout est feutré. Au centre de la pièce, voici le baquet, une grande caisse circulaire en bois de chêne. Le couvercle est percé de trous desquels sortent des tiges de métal que les visiteurs, reliés entre eux par des cordes, sont invités à approcher des parties malades de leur corps. Au fond du baquet, il y a du verre pilé, de la limaille de fer, et des bouteilles soigneusement rangées. Jusqu'à 30 personnes peuvent être traitées en même temps. Dès que le traitement commence, les crises convulsives se manifestent. Les malades présentent tout l'éventail des symptômes hystériques : tremblements, cris, rires, respirations accélérées, tensions et crispations des membres et des corps tout entiers, évanouissements...

Très vite, le succès de Mesmer dérange. En 1784, Louis XVI nomme deux commissions d'enquête. Les rapports sont accablants : le magnétisme ne présenterait aucune activité thérapeutique ; il constituerait en revanche un danger pour les moeurs et pour l'ordre social. Mesmer va alors quitter Paris pour la Suisse où il mourra en 1815 dans l'indigence et l'indifférence.

L'histoire du magnétisme animal ne doit pas être pour nous seulement une page pittoresque de l'histoire. Mesmer nous laisse en effet un héritage inestimable. D'abord, le médecin viennois a parfaitement compris l'importance des liens relationnels nécessaires à toute conduite thérapeutique. Ensuite, il est probablement le premier à avoir organisé en système un certain nombre d'éléments qui, depuis lors, continuent d'apparaître dans tout système thérapeutique. Je veux parler de ce tabouret dont les 4 pieds sont :

- un fondement théorique (c'était pour lui la théorie du magnétisme animal)
- une technique en cohérence avec le fondement théorique (c'était le fameux baquet destiné à restaurer la bonne répartition du fluide)
- un thérapeute exerçant dans un cadre ritualisé et ayant totalement foi dans sa technique
- enfin des patients réceptifs en état d'attente croyante.

Voyez-vous, l'héritage d'Anton Mesmer réside finalement dans la notice de construction et le mode d'emploi d'un système. Système qui nécessite toujours les 4 éléments que nous avons cités et qui souligne que, pour utiliser un vocabulaire plus approprié, il n'y a pas de thérapies, il y a seulement des systèmes à vocation thérapeutique.

ON A PERDU 100 ANS

« *Au début je me demandais qu'est-ce que c'est que l'hypnose ? Maintenant je me demande dans quoi il n'y a pas d'hypnose* ». Il me semble que cette phrase est de Jeffrey Zeig. La leçon du jour n'a pas pour but de vous parler d'hypnose, mais de ce qui *fait* l'hypnose. Bien sûr, si vous préférez demeurer accrochés à des croyances telles que le pouvoir personnel de l'hypnotiseur, le regard fascinant, les passes magnétiques et j'en passe, vous êtes libre.

Quand je vous parle de ce qui *fait* l'hypnose, je veux parler de ce qui fait débat depuis plus d'un siècle, c'est-à-dire depuis une guerre qui n'en finit pas entre l'école de Nancy et l'école de la Salpêtrière, entre Bernheim et Liébault d'une part, et Charcot d'autre part. Autrement dit, le débat entre suggestion, ou autre chose... Bref, j'ai envie de vous dire que nous avons perdu 100 ans, que tout est dit depuis longtemps et qu'on peut se demander quels intérêts peut bien servir le fait de refuser aujourd'hui cette évidence : s'il y a hypnose, c'est parce qu'il y a suggestion. Or, la suggestion n'est pas l'apanage de l'hypnose. Ce que souligne Jeffrey Zeig, c'est que la suggestion est partout, pour la bonne et simple raison que l'influence est une constante humaine.

Nul n'échappe à l'influence, qui est partout autour de nous : en politique, en publicité, en marketing, en éducation, dans les media, au bistrot du coin, avec votre plombier ou votre garagiste, votre conjoint, vos enfants, votre banquier, etc. Et bien évidemment dans l'univers de la thérapie. D'ailleurs, vous êtes vous-même un grand manipulateur ou une grande manipulatrice. De la même façon que monsieur Jourdain faisait de la prose sans le savoir, vous influencez autrui chaque jour de votre vie, que vous en acceptiez la réalité ou non. Lorsque vous dites à votre fille ou à votre amie « *Cette robe te va bien* ! », vous l'influencez. De la même façon que lorsque vous lui dites « *Cette robe ne te va pas du tout* ». Et même si vous ne prononcez pas cette phrase, une simple moue de votre part suffit à lui faire comprendre votre sentiment. Même le silence est source d'influence ; on peut l'interpréter de mille façons : soutien, réprobation, consentement, attente polie... Et lorsque vous vendez votre voiture d'occasion, vous n'influencez pas l'acheteur potentiel ? Vous restez muet à dix pas, le dos tourné, attendant qu'il se soit fait tout seul et en toute indépendance son opinion ?...

On me répondra qu'en thérapie, certaines approches se sont justement défaites de toute suggestion et qu'elles garantissent l'absence d'influence. C'est faux : on peut seulement limiter les effets de l'influence. Le visage le plus lisse, le praticien le plus silencieux renverront toujours quelque chose au patient. Pour qu'une thérapie se déroule sans influence, il faudrait qu'un patient soit enfermé dans une pièce aux murs blancs et nus, vide de tout meuble et de tout objet, exempte évidemment de thérapeute, et que la thérapie soit en conséquence réduite à une confrontation silencieuse avec lui-même. Diriez-vous qu'il s'agit encore de thérapie ?...

Donc, si vous le voulez bien, admettons une fois pour toutes que, de la même façon qu'il ne peut pas ne pas communiquer, l'être humain ne peut pas ne pas influencer. L'influence (ou la suggestion, si vous préférez) fait partie de notre communication quotidienne. Si tel n'était pas le cas, personne n'adhèrerait à un projet politique, personne n'achèterait un produit vanté par la publicité. Qu'elle soit exercée consciemment ou inconsciemment n'y change rien, je le répète : l'influence est une constante humaine.

Ensuite, acceptons de regarder la réalité en face : l'influence est au coeur de tout processus thérapeutique. La thérapie est et restera toujours une relation d'influence dont la qualité dépendra avant tout de l'intégrité, des qualités humaines, et des compétences du thérapeute. C'est cette intégrité qui fait la différence entre influence et manipulation. En thérapie, nous influons sur le patient afin de l'emmener là où il souhaite aller, alors que dans quantité de domaines de la vie quotidienne, la manipulation fait aller l'individu là où le manipulateur veut l'emmener.

C'est d'ailleurs pour cette raison que la thérapie personnelle du thérapeute est indispensable. Sans ce parcours de vérité vis-à-vis de lui-même, le praticien risque à tout instant de tomber dans la manipulation du patient, même si cette manipulation est involontaire ou inconsciente.

Pour moi, donc, le débat sur l'influence est clos depuis longtemps. Nous avons perdu 100 ans à faire couler de l'encre et de la salive autour d'un conflit stérile. Et si ce conflit demeure encore ouvert dans certains milieux, ne serait-ce pas parce qu'il sert l'intérêt de quelques manipulateurs avançant masqués ?

CROYANCE ET CONNAISSANCE

Vous vous souvenez ? Tout est support, tout est système, tout est suggestion. Une thérapie est un système et au sein de ce système, l'un des 4 éléments s'appelle protocole. L'intérêt de qui veut y voir clair derrière les appellations, c'est de déshabiller les systèmes de leurs protocoles et de découvrir ce qui se cache derrière. Autrement dit, de remonter aux principes thérapeutiques, lorsque, bien évidemment, ces principes existent.

Et là, surprise ! celui qui aurait pris la peine de réaliser ce travail de déshabillage parviendrait à un constat surprenant : il existe des centaines de systèmes à vocation thérapeutique, mais on ne compte qu'une toute petite poignée de principes thérapeutiques. La frontière entre les deux, c'est toute la différence entre la croyance et la connaissance. Et lorsque je parle de connaissance, je parle de ce qui est objectivable.

Ouvrons notre dictionnaire de la langue française et cherchons la définition du mot *objectivable* : « adj. Qui peut être objectivé. Se rapporte à un fait fondé sur la vérification expérimentale et à propos duquel un accord peut s'établir ». Cherchons maintenant la définition du mot *objectivation* : « processus par lequel la connaissance tend vers l'objectivité et prend une valeur universelle ». Les choses, me semblent-ils, sont parfaitement claires. Et elles devraient l'être encore davantage pour un thérapeute.

On pourra bien sûr m'objecter que pour qu'une idée soit validée, pour qu'elle devienne une connaissance, il faut bien qu'au départ, il y ait eu une hypothèse, une théorie, une idée, bref une croyance. Certes. Encore faut-il que la croyance en question soit au départ présentée comme une hypothèse et non comme une certitude. Encore faut-il qu'elle ne soit pas dès le départ affirmée comme valide. Encore faut-il qu'elle ne soit pas l'objet d'un prosélytisme borné ou passionné.

La croyance, c'est une affirmation tenue pour vraie sans l'ombre d'une preuve valide. C'est donc quelque chose de personnel, qui doit relever exclusivement de la sphère privée et qui ne doit pas venir polluer la sphère publique. Ce qui fait le bien-vivre ensemble dans une société, ce qui fait que l'humanité progresse, c'est le partage et la diffusion de la connaissance. Ce ne sont pas les impasses, les intoxications, les retards, les régressions occasionnés par les croyances.

A titre d'exemple, et puisque nous parlons de thérapie, voyez ces milliers de livres, d'articles et de théories fondés sur le fait qu'une phobie, une idée fixe, ou encore un symptôme *sine materia* seraient des manifestations finales, au même titre qu'une grippe ou une gangrène. Voilà typiquement des affirmations qui s'auto-alimentent, s'auto-entretiennent, s'auto-crédibilisent alors que ce ne sont que des croyances. Une phobie, cela ne s'attrape pas ! Une phobie possède une fonction dans notre économie psychique. C'est une organisation utile, une espèce de verrou protecteur et adaptatif dans le sens où l'objet phobique nous protège d'une angoisse bien plus dévastatrice. C'est un vêtement de camouflage qui cache à notre vue une horreur bien pire encore que l'objet qui suscite notre terreur.

Dans la même catégorie, je pourrais citer les théories du complot, les affirmations du genre « *on nous cache tout* ». Sous couvert d'esprit critique, ces croyances ne sont en fait que des moyens très primaires de canaliser l'angoisse des foules. Croire que l'on nous cache des choses, c'est ne pas vouloir voir que nous nous cachons des choses. Croire qu'une organisation secrète, politique, religieuse ou autre, agit dans l'ombre, cela nous permet de donner un visage et un nom à une angoisse que nous ne pouvons pas nommer.

Oui, l'esprit critique est indispensable à la santé mentale de l'individu et de la société toute entière. Encore faut-il que l'esprit critique se fonde sur ce qui est objectif, prouvé, et ne boive pas à la source de l'irrationnel. Etre dans la réalité, c'est arrêter de croire que telle approche thérapeutique pourrait soigner telle ou telle affection. Nous ne sommes pas dans le domaine de la pharmacologie où l'antibiotique X a une affinité particulière pour la gorge. La thérapie ne soigne pas des phobies ou des dépressions ou encore des maladies de peau ; la *relation* thérapeutique soigne des patients, des sujets uniques, tous différents, et qui vivront chacun une thérapie unique. Aucun thérapeute aujourd'hui ne peut dire « *Je ne savais pas* ». Il faut choisir. Et même s'il est parfois utile de ne pas tout dire au patient, le praticien porte cette responsabilité ultime de transmettre d'une façon complice de la croyance, ou de la connaissance.

DYNAMITE OU PAPIER DE VERRE

Je voudrais tenter de partager aujourd'hui avec vous ma conception de ce que j'appellerai notre économie psychique. Considérez ce concept comme un territoire dont le relief serait différent chez chacun d'entre nous : des collines, des vallons, des montagnes et de profonds abîmes. Un paysage propre à chaque individu. Imaginez que, soudain, un jour, sous l'effet d'un mouvement des plaques tectoniques, une immense montagne surgisse, très haute, très pointue. Disons que ce pic qui surgit dans notre paysage, c'est un symptôme qui apparaît dans notre vie. N'importe quel symptôme, somatique ou psychique, un eczéma, une phobie, des montées d'angoisse, peu importe. Bref, voilà que notre vie se trouve habitée, handicapée, limitée par ce symptôme qui prend une place ma foi toujours trop importante dans notre quotidien. Que faire ? Apprendre à vivre avec ? Souffrir en silence ? Souffrir et partager sa plainte avec tous ceux qui nous entourent ? Consulter tel ou tel praticien ?... Admettons, puisque c'est le domaine qui nous occupe, que nous allions chercher de l'aide auprès d'un psy et que celui-ci mette en oeuvre la méthode qui est sa spécialité. La plupart du temps, l'objectif va être de supprimer le symptôme, ou tout au moins de réduire au mieux sa capacité de nuisance. C'est-à-dire que nous allons nous attaquer à la montagne. A la dynamite ou au papier de verre ?

Si l'on utilise la dynamite, la montagne va s'écrouler sur elle-même. De l'immense pic rocheux, il restera un gros tas de gravats et le paysage s'en trouvera forcément modifié par rapport à ce qu'il était avant l'émergence de la montagne. Si l'on utilise au contraire du papier de verre, la poussière de l'érosion va au fur et à mesure du ponçage être emportée par le vent et la masse de la montagne va se trouver répartie en poussière sur la totalité de l'environnement. Les très légères modifications apportées au paysage demeureront souvent inaperçues, contrairement au gros tas de gravats bien visible.

Allons plus loin dans le décryptage de la métaphore. J'ai dit : à la dynamite ou au papier de verre. Or, vous vous souvenez que j'ai insisté sur le fait que le paysage est différent chez chacun de nous. Le sous-sol est également différent. Les intempéries, la vitesse du vent, la présence ou non de rivières, etc. sont autant de paramètres propres à chaque individu. Cela signifie que les conséquences d'une action sur le symptôme ne seront pas les mêmes pour tout le monde. Et là encore, quelle que soit la méthode utilisée.

En effet, certains d'entre nous auront du mal à respirer à cause de la poussière dégagée par le travail de ponçage et le travail devra s'arrêter. Il se peut aussi qu'au cours du ponçage, on mette à jour des ruines de l'Antiquité et que l'on soit obligé de stopper le chantier plus ou moins longtemps tant que l'on n'aura pas extrait avec soin les ruines en question.

De la même façon, nous n'allons pas tous supporter impunément un dynamitage de la montagne. L'onde de choc va en effet avoir des effets collatéraux sur tout l'environnement. Le paysage va obligatoirement se trouver deux fois modifié, une première fois par la présence d'un gros tas de gravats à la place de la montagne, et une deuxième fois par toutes les modifications dues à l'onde choc : des collines disparues, des fleuves détournés de leur lit, etc. Chez une personne dont la montagne serait apparue juste à côté d'un profond ravin, le dynamitage peut faire dévaler les gravats dans le ravin et le combler. Est-ce que le résultat sera positif parce que cela va lisser le paysage ? Ou au contraire est-ce que le résultat sera négatif parce que le ravin avait auparavant une fonction bien précise dans le paysage et que cette fonction a été supprimée ?

Il existe de très nombreux paramètres qui feront qu'un symptôme aura la possibilité de disparaître, ou non, d'un paysage psychique. De disparaître totalement, c'est-à-dire sans quelque conséquence que ce soit. Ou de disparaître avec des conséquences plus ou moins visibles, plus ou moins handicapantes. De disparaître et de revenir au bout d'un temps plus ou moins long. De disparaître et d'être remplacé par un autre symptôme, complètement différent. De disparaître et de se déplacer géographiquement sur le paysage...

Bref ! Comprenez notre économie psychique comme quelque chose de vivant. C'est un terrain toujours en mouvement, en évolution permanente, un lieu dans lequel s'exercent des forces, des pressions, des compensations, un organisme dans lequel une formidable hydraulique est à l'oeuvre. Il faut en savoir le plus possible à son sujet avant d'intervenir sur cette machinerie. Il faut être à la fois géologue, hydraulicien, paléontologue, ingénieur et conducteur de travaux, secouriste et chirurgien. Pour autant, aucune garantie quant à la certitude d'obtenir tel ou tel résultat, ou de reproduire à l'identique un résultat satisfaisant. Chaque thérapie est une nouvelle aventure qui lance patient et thérapeute dans le maelström d'un paysage toujours inattendu.

L'ADAPTATION OU LA MORT

Aménagement, ajustement, compromis, changement, évolution... chacun met le mot qui lui convient pour désigner ou expliciter ce que l'on attend d'une thérapie, de l'issue d'une thérapie. Je vais personnellement conserver le mot que j'utilise le plus souvent qui est celui d'arrangement. Comprenez : on fait au mieux, on fait ce qu'on peut, on s'arrange avec soi, avec son corps, ses symptômes, ses problèmes, avec les autres, avec la société dans laquelle on vit. Vous comprenez sans doute déjà que le phénomène qui est à l'oeuvre dans ce qui nous conduit à cet arrangement et qui nécessite une plus ou moins grande souplesse, une plasticité, c'est ce que l'on appelle notre faculté d'adaptation, notre adaptabilité. En effet, être confronté un jour à une souffrance, un obstacle, une difficulté, cela signifie que l'arrangement sur lequel nous vivions jusqu'à présent ne nous convient plus et qu'il nous faut en trouver un autre qui nous permette de vivre mieux. Or, à moins de ne rien vouloir changer en nous et autour de nous, à moins de ne vouloir poser aucun acte modificateur, il y a forcément adaptation car l'adaptation implique un mouvement.

L'adaptabilité est un phénomène qui est à l'oeuvre en permanence en chacun de nous. Nous sommes à chaque instant confrontés à des stimuli, des événements, des pressions qui nous imposent une analyse des données nouvelles et une modification de nombreux paramètres physiques, physiologiques, comportementaux, psychiques. Cette modification est rendue possible par une certaine tolérance aux changements, tant internes qu'externes.

Or, on peut entendre de deux façons bien différentes la notion d'adaptation. Si on demande aux gens ce que signifie pour eux *s'adapter*, on obtient généralement au moins deux catégories de réponses. Pour l'une de ces catégories, s'adapter signifie coller à l'environnement, faire ce qu'il faut pour se fondre, pour s'intégrer à un groupe, à une société, pour ressembler à ceux qui nous entourent. Donc une forme d'accommodation, voire de conformisme social.

Pour l'autre catégorie, s'adapter signifie trouver la meilleure solution en faisant avec ce que l'on a, ce dont on dispose à ce moment-là : ressources, compétences, savoir-faire, désirs, capacités, outils, etc. Le tout dans le but de nous procurer un état de bien-être optimal, ou tout au moins ce que l'on appelle l'homéostasie, c'est-à-dire une répartition équilibrée des pressions et des réponses à ces pressions.

Pour les deux catégories en question, il n'y a donc pas d'alternative à l'adaptation, hormis la mort. Autrement dit, il y a d'un côté le mouvement, et donc la vie, et de l'autre côté l'immobilité, et donc la mort.

Maintenant, allons plus loin. Si l'on considère le sujet de l'adaptation sous l'angle de la survie de l'espèce, c'est-à-dire comme la condition sine qua non de la survie de l'espèce, alors il faut accepter l'idée qu'il y a *toujours* adaptation et que celle-ci est *toujours* réussie, sauf... sauf à la considérer à l'aune de l'esthétique ou des valeurs. Je vais prendre quelques exemples.

Vous avez peut-être vu les premiers films de la série *Mad Max*. L'univers social dans lequel se déroulent ces histoires est terrible. Pourtant, ce qui s'est construit sur les ruines de l'ancienne société conditionne tout simplement la perpétuation de la société, conditionne la survie de quelques groupes. L'adaptation, même si elle nous paraît d'une violence, d'une perversité, d'une injustice inouïes, cette adaptation est pourtant synonyme de survie de l'espèce. Au détriment des valeurs qui peuvent nous être chères.

Un deuxième exemple, plus banal, plus quotidien. Vous marchez dans la rue et votre regard se pose sur un homme qui boite. Il souffre d'une telle boiterie que chaque geste déforme totalement son corps. C'est sûr, personne ne va trouver cette démarche esthétique. Il y a de l'anormalité dans cette façon de se déplacer. Il s'agit pourtant, là aussi, d'une adaptation réussie. C'est parce que le corps de cet homme a su trouver les aménagements nécessaires en termes d'appuis et d'équilibre que notre homme peut continuer à se déplacer dans la vie. Au détriment de ce que l'on a l'habitude de considérer comme une démarche esthétique. C'est la boiterie, et les déformations du corps qu'elle entraîne, ou bien l'immobilité.

Quel rapport avec la psychothérapie ? Nous y voici. L'issue d'une thérapie, quelle qu'elle soit, est toujours positive pour le patient. Même si, dans le silence de notre âme, nous exprimons des doutes quant aux choix et aux décisions de ce patient, la forme d'aménagement qu'il aura trouvé sera la bonne parce que la seule qu'il sera en mesure de mettre en oeuvre à ce moment-là. Qu'il se mette à boiter, qu'il divorce ou démissionne, ou même encore qu'il conserve son symptôme, il aura trouvé la solution idéale parce que la *seule* solution possible dans sa situation. Ses circuits internes, son système hydraulique personnel rétabliront une homéostasie psychique optimale, la chose étant entendue comme ce qu'il y a de mieux en fonction des possibilités du patient, et non pas en fonction du désir du thérapeute.

LA PLACE DU SILENCE

Je voudrais évoquer aujourd'hui un sujet qui continue à faire couler beaucoup d'encre et de salive dans le domaine de la thérapie, c'est celui de la place de la parole et du silence. En effet, en fonction du cadre thérapeutique, en fonction de l'orientation du praticien, l'usage qui est fait de la parole et du silence peut être considéré de façon très différente. On pourrait en la matière identifier 3 catégories de praticiens.

Le premier se dit qu'il sait, qu'il possède la réponse aux questions que se pose le patient. Il détient ce qu'il considère comme une vérité. Et donc, il parle. Il répond à l'attente du patient. « *Voilà ce dont vous souffrez et voilà comment vous allez cesser de souffrir* ». Autrement dit, pour ce praticien, la thérapie s'arrête à la délivrance de sa parole. Cette délivrance est même ce en quoi consiste la thérapie. Le patient demeure passif, il vient consulter pour recevoir la parole de celui qui sait.

Le deuxième praticien connaît la valeur de l'écoute et sait entendre le besoin de s'alléger d'un fardeau. Empathique et attentif, il laisse la parole du patient s'écouler jusqu'à ce que le poids du fardeau soit déposé dans l'espace du cabinet. Pour ce praticien, tout comme pour le patient, la thérapie s'arrête à cette écoute thérapeutique parce qu'elle ne consiste *que* dans cette écoute thérapeutique. Le patient, venu se soulager par la parole, a rencontré l'oreille attentive dont il avait besoin pour aller mieux.

Enfin le troisième praticien accorde au silence une place particulière par la conception même qu'il en a et que, dans le meilleur des cas, il partage avec le patient. Pour ce praticien, le silence, c'est d'abord le respect d'un temps, d'un espace qui appartiennent au patient. C'est une façon de montrer au patient que ce temps est le sien, ce qui permet à celui-ci de prendre conscience de sa responsabilité dans ce qu'il fait de ce temps. Tout comme cela l'invitera à travailler, au cours de séances ultérieures, sur sa responsabilité par rapport à la façon dont il occupe son temps dans d'autres circonstances de sa vie.

Corollaire évident : le silence est une invitation faite au patient, qui peut apprendre petit à petit à occuper pleinement cet espace qui lui appartient. Apprentissage qui le conduira à savoir occuper, à l'extérieur du cabinet, la place qui est la sienne dans tous les territoires de sa vie.

Le silence est aussi une disponibilité pour la pensée du patient. Cette façon d'envisager le silence l'amènera souvent à modifier sa conception du vide, de l'absence, et à y voir une chance, une opportunité, là où il voyait auparavant un abîme effrayant. Ce point-là est pour moi fondamental.

Le silence est aussi un miroir, il est *réfléchissant*. Si quelqu'un vous parle et que vous l'écoutez, votre pensée est occupée, tournée vers l'extérieur de vous. Si d'autres sons, d'autres bruits, d'autres stimuli requièrent votre attention, il en va de même. S'il y a silence, ce silence vous permet de vous tourner vers l'intérieur de vous, il *réfléchit* ce qui vient de vous.

Enfin, le silence permet au patient de travailler sur ses propres interprétations, il le préserve au mieux d'influences pouvant émaner du praticien. Le silence est donc un outil de non influence, un outil au service de la liberté du patient.

Première précision : au-delà de ce qui vient d'été explicité à propos du silence en thérapie, je veux insister sur le fait qu'il est capital pour le patient de savoir ce qu'il va chercher dans une thérapie. A défaut d'être au clair sur le sujet, il risquerait d'être déçu, et de véhiculer ensuite des idées erronées quant à la logique de la place du silence et de la parole dans l'attitude du thérapeute. On me répondra : encore faut-il que le patient soit bien informé. C'est vrai, et relève à mon sens de *sa* responsabilité. Stop à l'assistanat ! C'est à lui de faire le choix de ses sources.

Deuxième précision : si le silence de certains praticiens fait fuir nombre de patients au bout de quelques séances, voire après la toute première séance, c'est probablement parce qu'il est caricatural chez certains analystes. Si, comme j'ai tenté de vous le montrer, le silence peut être fécond et bénéfique, il ne doit pas être érigé en dogme. Il y a un temps pour tout : un temps pour le silence, et un temps pour la parole.

LA PETITE AMIBE

Je voudrais évoquer dans ce chapitre ce que je considère chez le vivant comme un rythme primaire, voire LE rythme fondamental. Je ne parle pas du rythme respiratoire ni des autres rythmes physiologiques mais de ce rythme propre à la vie que Wilhelm Reich a su si bien mettre en lumière à travers ses recherches et sa pratique.

Observez au binoculaire une goutte d'eau dans laquelle évoluent des paramécies. Là, entre les deux lamelles de verre, ce que vous voyez, c'est le rythme le plus basique qui soit. On voit la paramécie respirer, mais pas respirer comme nous respirons lorsque nous faisons entrer et sortir de l'air de notre poitrine. Non, la paramécie respire avec une alternance d'expansions et de contractions. Vous me direz que cela ressemble très fort à notre respiration pulmonaire. Ce n'est pourtant pas la même chose. Je vais utiliser des mots qui vous feront mieux comprendre : les mots de tensions et décharges. Toute accumulation de tension est en effet suivie par une décharge. C'est ce rythme-là qui garantit l'homéostasie du vivant. Sans lui, la maladie s'installe, suivie de la mort.

Ce rythme primaire, le thérapeute est capable de le percevoir très vite chez son patient, à travers son langage corporel aussi bien qu'à travers le récit de son histoire.

Je raconte souvent, au cours de mes séminaires, l'histoire de la petite amibe. J'évoque un laborantin un peu sadique derrière son binoculaire, armé d'une aiguille, et qui viendrait piquer la petite amibe. Vous pouvez l'imaginer alors qui se rétracte brusquement, sous l'effet de quoi ? La douleur, la surprise, la peur ? Elle reste ainsi un moment et c'est comme si on l'entendait penser : « *Qu'est-ce qui se passe ? qu'est-ce qui arrive ? où est le danger ?...* ».

Et puis, elle reprend son rythme de tensions et de décharges. Si le laborantin la pique à nouveau, la petite amibe va à nouveau se rétracter et il va alors se passer deux choses :

- tout d'abord, elle va rester un peu plus longtemps rétractée, comme si elle s'attendait à une nouvelle agression ;
- et puis, lorsqu'elle se remettra à *respirer*, sa respiration aura perdu un peu de son amplitude.

Si le laborantin persiste à la piquer encore et encore, la petite amibe va demeurer de plus en plus longtemps en rétractation, les échanges avec le milieu aqueux vont s'amoindrir, la petite amibe va s'affaiblir et finir par mourir.

Reconnaissez-vous dans ce tableau l'image du mille-feuilles, l'image de ces couches de traumas, de difficultés, de coups durs, qui atteignent une personne et qui, peu à peu, réduisent, restreignent sa capacité à laisser s'alterner tensions et décharges avec toute l'amplitude voulue ? Cette réduction va forcément retentir sur la totalité des ressources et capacités physiologiques de cette personne. Cette réduction va inexorablement la conduire vers le déséquilibre, la maladie, et la mort.

La chose ne s'arrête pas là car le rythme que je viens d'évoquer possède son versant psychique. Je veux parler de cette autre alternance entre tension et décharge qui se manifeste dans le couple désir et satisfaction du désir.

Tout comme le premier rythme, ce deuxième rythme est synonyme de mouvement. Or tout ce qui est en vie est en mouvement. La vie, c'est le mouvement. Le désir, c'est la mise en tension. La satisfaction du désir signe la décharge de la tension. Ne pas avoir de désirs, c'est être déchargé, ne plus avoir la capacité de se mettre en tension. A l'inverse, avoir des désirs qui ne peuvent trouver de satisfaction, c'est demeurer en tension et ne pas pouvoir décharger la tension accumulée. Dans un cas comme dans l'autre, qu'il y ait des conséquences est évident. La vie, faut-il le dire encore, est marquée par le mouvement *respiratoire* que constitue l'alternance entre tension et décharge.

Dans la vie quotidienne de chacun de nous aussi bien qu'au cours d'une thérapie, il existe de multiples formes de décharge, de nombreuses possibilités de rétablir une certaine homéostasie physique, psychique, émotionnelle. Reste, pour le praticien, à faire la part entre les formes de décharge qui font du bien sur le moment mais ne relancent pas le rythme tension-décharge, et les voies permettant de rétablir une hydraulique optimale de ce rythme primaire.

J'AI ENVIE DE…

Afin de stimuler la créativité, de chatouiller l'imagination, de souffler un peu sur les braises du désir (qui n'est jamais tout à fait éteint, même chez un déprimé !), dans tous ces cas il peut être utile de demander à un patient : « *Pouvez-vous formuler 10 phrases commençant par "j'ai envie de…* » ? ».

La réponse est souvent surprenante. Je dis la réponse, mais il peut s'agir d'un grand silence. On a alors l'impression d'entendre des rouages psychiques qui tournent à vide. L'angoisse s'installe. Le patient confie qu'il se demande bien de quoi il pourrait avoir envie. Il en est gêné, parfois terrifié en se rendant compte que le tiroir de ses désirs est désespérément vide.

Ou alors il répond, et souvent c'est par la négative qu'il répond, c'est-à-dire par l'évitement. Exemple : « *J'ai envie de ne plus être comme ceci ou comme cela* », ou encore « *Je n'ai pas envie de continuer à faire ceci* ».

Arrêtons-nous sur cette formulation. Il me semble important de nous pencher sur ce schéma de pensée que vous connaissez peut-être. Si l'on demande à 100 personnes habitant une maison individuelle pour quelle raison elles ont choisi d'habiter une maison individuelle, on se retrouve très vite avec deux catégories de réponses bien distinctes. Il y a d'un côté ceux qui répondent : « *Parce que j'aime bien mon indépendance, je me sens chez moi, je repeins mes volets chaque année, j'ai fait un petit atelier dans mon garage où je bricole, j'aime bien m'occuper de mon jardin, etc...* ».

Et puis, d'un autre côté : « *Pourquoi j'ai choisi d'habiter une maison individuelle ? Mais parce que je ne supporte pas les immeubles, je ne supporte pas qu'il y ait quelqu'un au-dessus, au-dessous, à droite, à gauche, je déteste entendre des voisins, je n'aime pas la vie en collectivité...* ».

D'un côté, des personnes qui vont vers ce qui leur fait plaisir, d'un autre côté des personnes qui s'éloignent de ce qu'elles n'aiment pas. Et pourtant, malgré cette différence fondamentale quant aux raisons de leur choix, toutes se retrouvent à vivre dans une maison individuelle.

Aller vers, ou s'éloigner de : il est capital de percevoir, de mettre en lumière ce schéma de pensée chez les patients afin d'établir une communication et une stratégie en adéquation avec l'une ou l'autre des phases de ce schéma. Car voyez-vous, les ressources que nous mettons en oeuvre pour réaliser un projet ou atteindre un objectif peuvent être aussi importantes, qu'il s'agisse d'aller vers le plaisir, ou de nous éloigner d'une souffrance. Le patient dit toujours tout ce que le praticien a besoin de savoir. Le thérapeute entend, ou il n'entend pas.

COMME UN DISQUE RAYÉ

La répétition. Répéter un comportement néfaste, répéter une stratégie qui mène à l'échec, répéter pendant des années, des dizaines d'années, tuer tout espoir à force de buter sur les mêmes obstacles, même s'il arrive parfois qu'un peu de lucidité nous fasse admettre que nous portons une large part de responsabilité dans la répétition. Si vous souffrez vous-même de répétitions, vous savez combien est usante cette route qui nous transforme en disque rayé. Cette route dont on ne sait pas comment la quitter parce qu'on ne *peut* pas la quitter. Parce qu'elle ressemble à un entonnoir dans lequel on est contraint de glisser à la recherche d'une issue qui ne se présente jamais.

Imaginez que vous vous trouvez dans une situation que vous ne connaissez que trop bien parce que c'est la énième fois que vous la vivez. Imaginez alors que vous entendez pour de vrai cette petite voix qui, à chaque nouvelle répétition, vous murmure « *Vas-y, essaie encore une fois, tu vas voir que cette fois ça va être la bonne* ».

Qu'est-ce que vous essayez de faire ? Qu'est-ce que vous cherchez ? Qu'est-ce que vous attendez ? Que signifie « *Cette fois, ça va être la bonne* ».

Vous devez comprendre que la situation que vous êtes en train de répéter est comme l'écho d'une situation très archaïque que vous avez vécue étant enfant et dont il est probable qu'elle ne vous a pas procuré l'issue positive que vous auriez voulu qu'elle vous procure. C'est un peu comme si vous étiez resté sur votre faim, déçu, triste, frustré, figé dans l'attente de quelque chose qui n'est pas venu. C'est à ce moment-là que vous devenez ce disque rayé que j'évoquais il y a un instant. Vous allez vous mettre à la recherche de ce que vous n'avez pas obtenu. Et pour ce faire, vous allez tout simplement vous remettre dans une situation identique à celle d'autrefois. Vous allez rechercher une telle situation, évidemment actualisée. Vous allez même parfois aller jusqu'à la créer pour la revivre, avec l'espoir que, cette fois, elle connaîtra une issue favorable et vous apportera ce que la situation originelle ne vous a pas apporté la toute première fois. Voilà l'explication et à la fois le moteur de la répétition : un formidable - et illusoire - espoir d'écrire une fin positive à une histoire ancienne qui nous a déçu.

Il est temps maintenant d'identifier le problème. Si ce formidable espoir qui nous transforme en disque rayé continue à travailler en nous, c'est uniquement parce qu'il nous fait confondre le temps présent et le temps passé. Nous avons l'illusion que quelque chose de notre histoire va enfin pouvoir être corrigé, mais on ne réécrit pas le passé, on ne refait pas l'histoire. Nous ne pouvons agir sur une page de notre vie vécue il y a bien longtemps. Nous devons accepter de vivre dans le présent avec ce manque, cette absence, cette insatisfaction, cette peine, cette frustration, cette attente déçue qui appartiennent au passé et dont les échos, juste les échos, se font encore entendre aujourd'hui.

Alors, en acceptant notre impuissance à agir sur notre histoire, nous ferons taire enfin la petite voix d'enfant qui murmurait obstinément « *Vas-y, essaie encore une fois, tu vas voir que cette fois, ça va être la bonne* ».

CE QUE DIT LE SYMPTOME

Un patient se plaint d'un problème dermatologique récurrent qui fait apparaître, à intervalles plus ou moins réguliers, une excroissance cutanée douloureuse sur le dessus du pouce droit. Il a déjà consulté son médecin référent, qui l'a orienté vers un dermatologue, lequel lui a prescrit une pommade. Le traitement a apaisé un temps le symptôme avant sa réapparition quelques semaines plus tard. La douleur, la gêne, l'aspect inesthétique de l'excroissance sont tels que le patient se tourne vers un psy.

Et là, premières paroles : « *J'ai regardé le livre de … qui met en rapport les parties du corps et ce que le corps veut dire. Et il est dit que le pouce de la main droite signifie que ….* » .

Je l'écoute attentivement. « *Oui, et ensuite ?…* ».

Il semble gêné. « *Et dans un autre livre qui parle des mots à mettre sur les maux, il est écrit autre chose. Alors je ne comprends pas* ».

J'attends attentivement la suite. « *Oui, et donc ?...* ».

Le patient : « *Et donc, je ne sais pas. Au début, je me suis dit que j'avais trouvé l'explication* ».

« *Et l'explication a-t-elle changé quelque chose à la situation ?* ».

« *Non, elle n'a rien changé* ».

« *Alors ?* ».

« *Alors, je ne sais pas* ».

Fin de l'introduction.

Les grilles de lecture proposées depuis une vingtaine d'années quant aux correspondances supposées entre une partie du corps et ce que cette partie du corps voudrait nous dire, ces grilles de lecture sont souvent considérées comme des outils thérapeutiques, aussi bien par ceux qui les ont créées que par les patients. Or, elles devraient être présentées exclusivement comme des tremplins, des prétextes à la réflexion, et jamais comme une réponse servie sur un plateau. D'autant que la réponse en question, qu'on l'accepte ou non, n'est rien d'autre qu'une simple hypothèse.

Si le praticien est suffisamment formé à la spéléologie psychique et que la proposition faite par la grille de lecture est une simple invitation à verbaliser, peser, ramener à son histoire personnelle, tout va bien ; la démarche peut être productive au sens thérapeutique. Je veux dire par là qu'elle est susceptible d'induire un changement parce que le patient apportera le sens susceptible d'induire un tel changement.

Si ce n'est pas le cas, si la proposition est en fait assénée comme une affirmation, alors, non seulement rien ne bouge, mais qui plus est, nous ne sommes plus dans une configuration thérapeutique au sens où doivent prévaloir le choix et la responsabilité du patient. En effet, si l'on considère comme évident le fait que le symptôme a quelque chose à nous dire, c'est au patient de le dire, et à personne d'autre. C'est à lui de faire émerger un sens. Si, face à son désarroi, je lui demande de verbaliser tout ce qui peut venir à propos du mot *pouce*, il peut effectivement venir des tas de sens possibles.

- « *Pouce* !, dira un patient, *ça veut dire que je dois m'arrêter pour souffler. Je mène une vie de dingue, toujours à courir après ceci ou cela. Mon inconscient me dit peut-être qu'il faut que je me pose un peu* ».

- « *Pour moi,* dira un autre patient, *pouce, ça me ramène à ma paresse. C'est vrai que je suis paresseux, je le reconnais, il faut vraiment que je me pousse pour faire les choses* ».

« *Quand j'étais petit*, dira encore un autre patient, *j'étais le dernier des 5 enfants, les autres étaient plus grands et j'étais dans les jambes de tout le monde. J'ai toujours eu le sentiment de gêner, d'être en trop, j'ai l'impression d'avoir entendu 100 fois par jour « pousse-toi de là »... Forcément, ça marque et plus tard, on continue à se sentir en trop partout ».*

Voyez-vous, que le patient soit en train de mettre le doigt sur l'origine supposée du symptôme n'a pas vraiment d'importance. L'important est que le symptôme devienne pour lui un prétexte à verbalisation, une occasion de faire des associations et de trouver un sens qui lui convient. L'important est que le matériau qui émerge vienne du patient et seulement du patient.

Alors, du mouvement peut se manifester dans l'arrangement du moment qui a fait consulter le patient. Alors du mouvement peut se manifester pour conduire à un meilleur arrangement.

EPUISER LA DEMANDE

Qu'est-ce qu'une demande ? D'où vient la demande ? Que faire avec la demande ? Voilà les questions qui vont nous occuper dans ce chapitre.

Vous regardez quelqu'un sans parler, quelle que soit l'expression de votre visage. Vous levez un sourcil ou vous froncez les sourcils. Vous faites une mimique quelconque. Vous parlez, vous criez, vous chuchotez, etc. Bref, dans chacune de ces situations, vous exprimez une parole, que cette parole soit mise en mots, qu'elle passe par le silence, ou qu'elle soit traduite par une expression du visage ou du corps. Cette parole a bien entendu une destination : l'autre, auquel elle s'adresse. Et qu'elle s'adresse à un membre de la famille, à un ami, à Dieu ou à un inconnu, cette parole exprime toujours une demande. Oui, toute parole est une demande.

Or, la demande peut avoir deux fonctions bien distinctes. Elle peut être exprimée dans un but utilitaire. Par exemple : quelle heure est-il s'il vous plaît ? Pouvez-vous me passer le sel ? Y a-t-il un train de nuit pour Bruxelles le samedi ? Quel est le prix du kilo de pâtes au blé complet ? Ces demandes sont celles du quotidien. Elles satisfont un besoin actuel.

L'autre fonction de la demande, c'est celle qui vise à satisfaire un besoin n'ayant rien à voir avec l'actualité, même si elle se déguise pour le faire croire. Cette demande-là est une répétition, c'est l'écho d'une demande très ancienne qui n'a pas été satisfaite et qui continue à être exprimée, auprès de n'importe quel interlocuteur. Obstinée, têtue, tenace, bégayante, elle fait sans cesse retour, car même satisfaite dans le présent, elle ne peut rien changer au passé, elle ne peut satisfaire la demande initiale.

Quelle peut être cette demande initiale ? Une demande d'amour bien sûr. Une demande d'attention, de soins, de reconnaissance, de considération, de caresses, de chaleur, de sécurité. Cette demande-là, nous pouvons la déceler chaque jour chez tant de personnes en souffrance ! Elle est comme un trou à l'intérieur de soi, un fossé, un abîme. Chacun se débrouille comme il le peut avec ce trou. Chacun le comble à sa manière : une passion, un sport extrême, une maladie, un amour, du sexe, du sport, du pouvoir, de l'argent...

Or, ce que ne sait pas celui qui comble ce trou, c'est qu'il ne fait que *tenter* de le combler. En effet, au fond du trou, il y a un trou. Un trou par lequel s'écoule irrémédiablement ce que nous mettons dans le trou premier en nous imaginant que nous allons le combler. Une pelletée après l'autre, nous restons dans l'illusion que le trou se remplit. Jusqu'au moment où, déçus, surpris, déprimés, nous nous rendons compte que, malgré tous nos efforts, le trou est toujours là.

Alors, que faire avec la demande ? Que doit faire un thérapeute avec la demande ?

Vous connaissez peut-être de ces thérapeutes très empathiques, attentionnés, investis dans la souffrance de l'autre, allant même jusqu'à la partager. Ces thérapeutes, prêts à vous prendre dans les bras si vous vous mettez à pleurez, répondent manifestement à la demande que constituent la tristesse et les larmes. Or, quelle que soit la forme de la réponse apportée par ces thérapeutes, répondre à une demande équivaut à figer le patient dans le temps correspondant à la demande initiale. Répondre à la demande d'un patient, c'est le laisser dans l'infantile, dans l'illusion que son passé peut être réparé.

Double illusion ! Le patient croit trouver dans le thérapeute une figure de son enfance enfin attentionnée et aimante. Quant au thérapeute, il croit aider le patient et panser les plaies de son enfance.

Pouvez-vous maintenant porter un autre regard sur cette attitude si souvent critiquée parce qu'incomprise, cette attitude juste qui consiste à être ouvert et attentif sans pour autant basculer dans la posture d'une mère ou d'un père bienveillant. L'écoute, l'attention, l'intérêt, le silence n'ont rien à voir avec l'indifférence. Ce sont de véritables cadeaux destinés à un adulte et permettant à cet adulte de prendre peu à peu le pas sur l'enfant demeuré souffrant.

A mon sens en effet, tout le travail d'une psychothérapie ou d'une psychanalyse a pour vocation d'épuiser la demande infantile pour inscrire le sujet dans le présent de sa vie. Epuiser la demande, c'est comprendre qu'il y a un trou au fond du trou et que rien ne pourra jamais combler un trou appartenant au passé. Epuiser la demande, c'est cesser d'envoyer à tous les vents ces mots, ces regards, ces invites ou ces défis qui camouflent tous la même carence et poursuivent tous le même but. Epuiser la demande, c'est parvenir à accepter, à l'issue d'un long travail de deuil, de vivre avec ce trou, ce manque, cette absence, cette part manquante.

LE CRISTAL DE ROCHE

J'ai sur mon bureau un petit vase que j'ai acheté il y a bien longtemps à l'occasion de la présentation d'objets artisanaux fabriqués au Brésil ou au Mexique, je ne sais plus. J'ai conservé cet objet pendant des années à cette place attribuée et m'en suis servi comme d'un pot à crayons, jusqu'au jour où il est malencontreusement tombé sur le sol et s'est brisé en plusieurs morceaux.

Parce que j'y étais attaché, j'ai tenté de remettre le pot en état. J'ai ramassé les morceaux et les ai collés comme j'ai pu. Certes, on aperçoit nettement ici et là des joints disgracieux, mais le plus important était fait, et le pot à crayons trône toujours sur mon bureau.

Cet objet a donc conservé sa fonction de pot à crayons. Grâce à de la colle, sa structure a été compensée pour lui permettre de continuer à exister en tant que pot à crayons. Pourtant, il n'est plus tout à fait le même ; il présente la trace, les cicatrices du choc qu'il a vécu.

Sigmund Freud nous a donné une métaphore qui nous permet de bien comprendre ce qu'est la structure, c'est la métaphore du cristal de roche. Quand on regarde à la lumière un cristal de roche, on aperçoit dans sa structure un certain nombre de lignes de faille. Si l'on rapporte la métaphore à l'être humain, on pourrait dire que ces lignes, c'est la génétique, l'hérédité, en quelque sorte le destin possible. Ce cristal peut pourtant demeurer intègre pendant un temps infini, tant qu'il est à l'abri des chocs. Il suffit en revanche d'un seul choc pour que le cristal se brise, et il se brisera très exactement selon les lignes de faille préexistantes. Chez l'humain, c'est donc le trauma qui provoque une décompensation.

Nous avons tous une structure de base et cette structure peut se rencontrer dans deux états distincts : la santé et la maladie. Si nous ne sommes pas soumis à de trop fortes épreuves intérieures ou extérieures, notre structure demeure stable. Autrement dit, nous ne tombons pas malades. Seul un oeil avisé peut déceler les signes plus ou moins discrets de notre structure. Mais si nos mécanismes de défense se trouvent débordés par une situation, alors il se peut que nous développions une névrose ou une psychose, avec son cortège de symptômes. La névrose ou la psychose sont donc la décompensation visible d'une structure de base. Après un traitement adapté et dans le meilleur des cas, il y aura retour à une stabilité et nous retrouverons notre structure de base compensée.

Comprenons donc la chose suivante : la santé psychique se traduit par l'état *compensé* de la structure, qu'elle soit névrotique ou psychotique. Le cristal est intègre, les lignes de clivage se laissent juste deviner. La maladie psychique vient quant à elle mettre en évidence l'état décompensé de la structure. Le cristal est brisé et les lignes de clivage apparaissent clairement sous l'apparence de symptômes.

Ce petit exposé sur la structure nous montre bien tout le côté illusoire de la demande généralement faite par des patients en pleine souffrance : « *Je vous en prie, faites que je redevienne juste comme avant* ». Demande illusoire, espoir illusoire car c'est justement à cause de ce qu'était cette personne avant qu'elle est entrée en maladie. C'est à cause de sa structure de base qu'un choc a pu la faire entrer en maladie. Demain ne peut pas être le copier-coller d'avant-hier. Demain exige d'être inventé. Sortir de la souffrance, de la maladie, impose une obligation de créer une vie nouvelle. C'est là toute la responsabilité du patient.

CHÂTEAUX DE SABLE

Voici 3, 5, 10 patients différents présentant un point commun : le même symptôme. Voici un thérapeute, le même pour tous les patients. Et une question : le résultat de la thérapie sera-t-il le même pour tous les patients ?

La réponse est non, bien entendu, sauf à considérer l'individu comme une machine dotée de boutons dont un en particulier, sur lequel il faudrait appuyer pour que le symptôme disparaisse.

Alors, la réponse est non, mais pourquoi ? Comme souvent, je vais utiliser une image, en espérant qu'elle sera parlante pour le plus grand nombre.

La structure de l'individu, son histoire, ses expériences de vie, tout ce qui fait son unicité, tout cela influe sur une économie psychique dont les pressions sont propres à un sujet unique. Au départ, dans notre histoire, il y a un symptôme, surgi dans la vie de notre sujet, et qui fait pointe par le degré de handicap qu'il occasionne. Ce symptôme qui fait pointe, imaginez que ce soit un château de sable érigé par un enfant sur une plage. Il y a là un mur d'enceinte et plusieurs tours. Le tout est joliment réalisé et se remarque de loin pour un promeneur qui s'interrogerait sur cette excroissance avant de s'en approcher suffisamment.

Le soir arrive, les occupants de la plage comment à rentrer chez eux pour dîner, l'espace se vide peu à peu. A partir de cet instant, il peut se produire plusieurs scenari bien différents.

Première possibilité : les dernières familles ayant plié bagage, un habitant du quartier en profite pour faire courir son chien sur la plage. Celui-ci, heureux d'un si vaste territoire sur lequel se dépenser, court vers le château, lève la patte, gratte un peu l'édifice ici et là... Bref, il demeure alors sur la plage une excroissance difforme, tristes vestiges d'un beau château.

Deuxième possibilité : tous les vacanciers s'en vont et le château de sable demeure intact. Durant la nuit, la mer vient doucement lécher la plage. Elle parvient jusqu'au château mais ne fait que saper un peu les fondations. Elle estompe les détails, arrondit les angles, fait un petit peu s'affaisser le mur d'enceinte. Au matin, on remarque bien une excroissance de sable et on devine à peine qu’il s’agissait la veille d’un fier château.

Troisième possibilité (et pas forcément la dernière) : une mer forte à très forte se forme pendant la nuit et ses vagues montent jusqu'à submerger le château, laissant au petit matin la plage aussi lisse que s’il n’y avait jamais eu de château édifié ici.

Voyez-vous, ce paysage, avec ses divers reliefs possibles créés en fonction des événements, ce paysage est l'équivalent de notre économie psychique.

Sur nos 10 patients présentant le même symptôme, certains verront leur symptôme disparaître totalement sans qu'il en reste rien. Comme s'il n'avait jamais existé. Un peu comme si sa *matière* avait été harmonieusement répartie sur le territoire psychique au point que rien ne permette d'imaginer sa présence auparavant.

Chez d'autres, le symptôme sera estompé et deviendra en conséquence moins handicapant.

Chez d'autres enfin, il en subsistera une partie, et l'énergie qui l'avait fait apparaître dans l'économie de nos patients se déplacera peut-être pour donner naissance à un autre symptôme, plus ou moins proche par les caractéristiques ou par la localisation.

Le chien fou, la mer douce, ou les vagues fortes sont dans mon image la représentation dans notre économie des paramètres que je citais plus haut : notre structure, nos expériences de vie... bref ce qui fait de chacun de nous un être unique.

Il nous faut donc accepter cette réalité : on ne peut pas jauger un sujet en termes de troubles ou de traits. On ne peut pas appliquer à tous les patients souffrant d'un même symptôme un protocole identique et prétendre que l'on pourrait obtenir un résultat identique chez la totalité d'entre eux. Cette réalité n'a d'ailleurs rien de dramatique ; elle ne fait que nous rappeler notre singularité. Et quelle plus grande richesse que celle-ci dans un monde où l'homme cherche à tout cloner, jusqu'à lui-même ?

LA PERTE

Tout au long d'une vie, on peut perdre beaucoup de choses. On peut perdre un grand amour, un conjoint, un parent, un enfant. On peut perdre un animal, un travail, des racines géographiques. On peut perdre les clés de son appartement, perdre un membre, perdre la vue. On peut perdre sa jeunesse, sa souplesse, ses ressources. On peut perdre des illusions.

Chaque perte est une coupure, et cette coupure, que l'on imagine d'avec la chose ou l'être perdus, est en réalité une véritable amputation d'une partie de soi.

En effet, il y a ce que l'on perd, et il y a ce que représente ce que l'on perd. Ce peuvent être des choses bien différentes.

Apprendre à vivre sans la chose perdue, apprendre à vivre sans ce que représentait dans notre vie la chose perdue, cela s'appelle un deuil.

Et la douleur de ce deuil est d'autant plus grande et plus profonde que l'était la représentation de la chose perdue. De même, le temps de ce deuil est d'autant plus long qu'est grande l'ignorance de ce que représente la perte de cette chose ou de cet être.

Voyez-vous, le temps du deuil n'est pas le temps de l'oubli. Il n'est même pas le temps de l'acceptation que la chose ou l'être soient définitivement perdus. Non, ce n'est pas cela du tout. Le temps du deuil, c'est le temps propre à chacun et à chaque culture, le temps nécessaire pour rapatrier de chez l'autre perdu la part de soi que l'on avait investie en lui.

Aimer quelqu'un ou quelque chose, c'est déposer en l'autre une part de nous liée à lui. Et lorsque l'autre disparaît de notre vie, c'est comme si nous étions soudain coupés d'une partie de nous.

Prenez un moment pour faire le lien avec cette croyance qui voudrait que, lorsqu'une personne meurt, elle se retrouve dans un entre-deux mondes dans lequel elle est parfois bloquée à cause de notre refus d'accepter sa mort, à cause de notre trop grand désir de la voir revenir. Nombreux sont les livres et les films qui évoquent cette nécessité de laisser l'autre *partir* vraiment. Eh bien, cette croyance est la transcription, la métaphore de ce temps indispensable pour que nous puissions continuer à vivre.

Le temps de ramener à nous, de ramener *en* nous ce que nous avions déposé en l'autre, et dont il nous est insupportable d'être séparé.

PORTEMANTEAU

Imaginez : nous sommes en hiver et il fait très froid. Vous êtes dans la rue et vous portez au-dessus de vos vêtements un manteau et une écharpe, peut-être même un chapeau ou un bonnet. Et voilà que vous arrivez à votre destination : chez un ami, ou chez votre dentiste, ou que sais-je encore. A l'intérieur, il fait bon. Vous enlevez votre manteau et vous regardez autour de vous. Y a-t-il un porte-manteau ? Si oui, vous y accrochez naturellement votre manteau. Sinon, vous cherchez autre chose, n'importe quoi qui vous permette de le faire : le dossier d'une chaise, le sommet de l'angle d'une porte, un fauteuil, un lit... Et si, par extraordinaire, le lieu dans lequel vous vous trouvez est totalement vide, eh bien il ne vous reste plus qu'à porter votre manteau plié sur votre bras ou encore sur vos épaules, ce qui n'est pas vraiment confortable.

Vous vous demandez probablement ce que je cherche à vous dire à travers cette métaphore. Je veux dire qu'il est naturel de chercher à accrocher son manteau quelque part. Il est naturel de chercher un porte-manteau ou quelque chose qui fasse office de porte-manteau. Et s'il n'y a rien à quoi l'accrocher, alors il faut se résigner à le garder sur soi.

Le manteau que vous portez, nous l'appellerons angoisse. Il n'est pas dans mon propos de vous donner aujourd'hui quelques hypothèses concernant le lieu et la date de naissance de cette angoisse ; sachez seulement qu'elle vient de très loin en arrière. Sachez également qu'elle a grosso modo deux façons d'exister en nous :

- soit elle est répartie un peu partout et on ne la remarque pas
- soit elle fait comme une espèce de pic, et alors on ne peut pas ne pas la ressentir car on a le sentiment qu'elle nous habite entièrement, qu'elle nous dévore.

On peut traverser une vie entière sans la remarquer outre mesure. Et parfois, à l'occasion d'un événement qui nous bouscule un peu trop, la voilà qui se manifeste et prend de plus en plus de place.

Tant qu'on ne la remarque pas, on ne se pose pas de questions. Mais quand on la sent apparaître en nous, on a (le patient ET le thérapeute) tendance à lier cette angoisse à l'événement difficile après lequel elle est apparue en nous. Et là, nous avons tout faux. C'est comme si vous confondiez le pétard et l'allumette. Le pétard a toujours été en vous, et tant qu'il ne rencontre pas d'allumette, il n'a aucune raison d'exploser. Mais qu'une allumette se pointe à l'horizon, et c'est la déflagration.

Le deuxième point capital à propos de l'angoisse, c'est qu'elle est toujours insupportable. Comprenez par là qu'il est douloureux, difficile, de la *sup*-porter. Et donc, pliant sous le poids de cette angoisse que nous portons, nous allons tout naturellement chercher quelque chose à quoi l'accrocher, la suspendre. Nous allons désespérément chercher un porte-manteau. Et le porte-manteau que nous choisirons sera aussitôt investi de plusieurs fonctions : il va désigner l'angoisse, il va la nommer, et il va aussi concentrer sur lui l'angoisse. C'est-à-dire que si vous regardez le porte-manteau ou si vous pensez à lui, vous ressentez l'angoisse. Si vous pensez à autre chose, vous ne la ressentez pas.

Comprenez que l’angoisse ressentie n’a rien à voir avec ce sur quoi elle s’est opportunément accrochée. Ce que vous avez à travailler en thérapie, c'est l'angoisse, pas le porte-manteau.

C’est un peu comme un arbre aux branches dépouillées sur lesquelles le vent apporterait des oripeaux qui viendraient s'y s'accrocher. Songez un instant aux cauchemars des enfants qui prennent les boutons d'un manteau accroché à une patère pour les yeux d'un monstre brillant dans l'obscurité de leur chambre.

Conclusion : la plupart du temps, vous croyez que le porte-manteau est constitutif de l'angoisse alors qu'il n'en est rien. Le porte-manteau est seulement un prétexte bienvenu, une bonne occasion d'accrocher notre angoisse quelque part, de la suspendre, de la localiser, de la cerner. Car il est toujours moins angoissant de savoir où se trouve le danger plutôt que de l'imaginer partout et donc capable de nous surprendre à chaque instant.

LA SOUFFRANCE DE L'INACHEVÉ

Vous avez peut-être, ou peut-être pas, déjà entendu parler de l'effet Zeigarnik. Comme je n'ai pas pour ambition de remplacer Google, je vous laisse fouiller sur internet pour en apprendre davantage sur le sujet. Je veux juste vous parler de l'effet Zeigarnik dans le cadre de la thérapie, et plus particulièrement de la thérapie analytique.

L'histoire se passe à Vienne en 1927. Assise à la terrasse d'une brasserie, la psychologue russe Bluma Zeigarnik remarque que les serveurs sont capables de se souvenir d'un très grand nombre de commandes passées par les clients. Les mêmes serveurs ont en revanche beaucoup de mal à se souvenir de ce qu'ils ont déjà servi et encaissé. Autrement dit, et pour résumer, ce qui est fait est fait, on peut passer à autre chose. Mais tant que la chose n'est pas terminée, elle reste en quelque sorte en tâche de fond sur l'écran de notre cerveau. C'est ça, l'effet Zeigarnik, et sa formulation la plus courante est la suivante : on se souvient mieux d'une tâche inachevée que d'une tâche achevée.

Exemple : si un élève décide de retenir une leçon en menant à bien sa tâche sans lever les yeux de son livre, sa mémorisation sera moins bonne que s'il interrompt son travail une ou plusieurs fois en faisant autre chose.

Ça, c'est pour la première formulation de l'effet Zeigarnik, à savoir que l'on se souvient mieux d'une tâche inachevée que d'une tâche achevée.

Inutile de vous dire que cette découverte, comme beaucoup d'autres découvertes de la psychologie comportementale, a été, et continue d'être largement exploitée dans de nombreux domaines, avec ses conséquences positives et aussi ses effets pervers.

Seulement, il y a une deuxième formulation possible de l'effet Zeigarnik, bien plus intéressante, qui le décrit comme le fait de ne pas pouvoir oublier les données d'un problème tant que celui-ci n'est pas résolu. Voilà qui ouvre sur les domaines qui nous intéressent au plus haut point. Et notamment sur le phénomène de la répétition.

Pourquoi cette quête incessante du grand amour qui anime tant de personnes ? Pourquoi tous les hommes désirés par cette femme ont-ils des points communs ? Pourquoi toutes les femmes désirées par cet homme rappellent-elles par certains aspects sa mère ? Pourquoi est-il parfois si difficile, si long, si douloureux, de se relever après une rupture sentimentale ? Pourquoi ces schémas relationnels qui ressemblent à des copier-coller et qui, malgré des échecs successifs, se répètent encore et encore ? Pourquoi ce phénomène de la répétition ?... Tout simplement parce que quelque chose a un jour été commencé et que ce quelque chose n'a pu trouver la fin que l'on souhaitait pour lui. Le chantier demeure donc ouvert, et une petite voix, venue du plus profond de nous, murmure « *Vas-y, essaie encore, tu vas voir que cette fois-ci, ça va être la bonne* ». [1]

Comprenez bien que ce qui est inachevé nous laisse en souffrance et dans l'espoir ou le désir infini de le terminer. Espoir insensé puisque la chose inachevée appartient au passé et que nous ne pourrons jamais réécrire notre passé. Qui plus est, dans cette souffrance due à l'inachevé, nous demeurons en tension, comme la corde de l'arc, la flèche sans cesse orientée vers une nouvelle cible, et puis sur une autre encore et encore.

La répétition peut-elle s'arrêter alors que rien, ni la raison ni le dépit ni même la dépression ne permettent de faire enfin le deuil de l'inachevé ?

---

[1] *Voyez aussi page 55 « Comme un disque rayé »*

C'est sur le divan de l'analyste que le noeud de l'inachevé pourra trouver son dénouement. C'est par le mécanisme du transfert, manié et surtout pas utilisé, que les masques vont tomber, que la tension va être déchargée, et qu'une page pourra être tournée. Alors seulement, l'effet Zeigarnik cessera de nous entraîner dans sa course folle.

POMPE A VELO

Nous sommes semblables, et à la fois, nous sommes différents. Nous sommes semblables parce que nous avons tous la capacité de nous réparer. Nous sommes différents parce que nous n'avons pas tous la même ou les mêmes failles. Qui plus est, nous ne disposons pas tous de la même trousse à outils. Quant au thérapeute, je dirai que que son talent réside seulement dans la façon dont il saura faire émerger, chez le patient, les outils nécessaires à la réparation, que ce soit par sa créativité ou bien par les effets du transfert. Voilà résumée la situation thérapeutique, depuis la souffrance ressentie jusqu'au dépassement d'un trauma. Si vous voulez faire plus compliqué, c'est votre droit.

Ce constat fait ressortir plusieurs notions :

1 - d'abord une notion de confiance qui devrait habiter chaque patient. Quels que soient la gravité, la profondeur, l'impact du traumatisme

vécu, la guérison (appelons-la ainsi) est auto-générée par le patient.

2 - ensuite une notion d'humilité qui devrait être le propre de chaque thérapeute. A l'heure ou l'on voit naître chaque jour de nouvelles pseudo-thérapies, cela remet les pendules à l'heure de se rendre compte que ce ne sera jamais une méthode ou une technique qui conduira à la guérison, mais simplement la façon dont seront stimulées les facultés de guérison chez la personne en souffrance.

3 - l'unicité, la singularité de chacun d'entre nous. Nous sommes tous différents. Nous avons tous une histoire différente. Et même si nous sommes 10 ou 100 à avoir vécu le même traumatisme, nous aurons vécu la chose de 10 ou 100 façons différentes. Nous aurons tous été *atteints* d'une façon différente.

4 - cette singularité fait que, bien entendu, nous ne sortirons pas tous de la souffrance de la même façon. Nous n'y mettrons pas tous le même temps. Nous ne rencontrerons pas tous les mêmes résistances. Nous ne tirerons pas forcément tous de notre souffrance un bénéfice secondaire.

5 - enfin ce temps unique de la guérison dépend bien sûr du contenu de notre trousse à outils. Et cette trousse de secours est également bien différente d'un individu à l'autre. Les

thérapeutes de tous horizons sont très souvent confrontés de la part des patients à une demande de réparation-minute. Or, si la réparation-minute peut être gratifiante pour l'ego du thérapeute, et si elle fait du bien au patient sur le moment, elle ne tient pas toujours.

Faites le parallèle avec le cycliste et son vélo. La crevaison d'un pneu peut être due à une punaise ou à un caillou tranchant. La coupure aura évidemment une taille différente selon son origine. La quantité d'air qui s'en échappera sera elle aussi bien différente. Même avec une toute petite coupure, un coup de pompe à vélo ne résoudra pas le problème. Il permettra certes de continuer à rouler quelque temps, mais il faudra régulièrement redonner un coup de pompe. Jusqu'au moment où le cycliste fouillera dans sa trousse à outils et trouvera la rustine de la bonne taille et la colle nécessaire à la bonne tenue de cette rustine.

Enfin, un point pour terminer. L'affirmation selon laquelle chacun de nous connaîtrait intuitivement le contenu de sa trousse à outils mérite d'être un peu tempérée. En effet, si elle était réellement fondée, nous ne verrions pas revenir régulièrement des patients en demande d'un nouveau coup de pompe à vélo. En conséquence, une question se pose alors : doit-on laisser le patient dans son illusion qu'un coup de pompe à vélo peut résoudre son problème ou apaiser sa souffrance ?

CE QUE VOUS NE SAVEZ PAS

Quand FREUD expliquait la différence entre le fait de parler à un psychanalyste et celui de se confesser à un homme de religion, il disait : « *A votre confesseur, vous dites tout ce que vous savez ; à un psychanalyste, vous dites tout ce que vous savez, et aussi tout ce que vous ne savez pas* ». C'est de cette façon lapidaire que le père de la psychanalyse montrait comment les rêves, les lapsus, les actes manqués, pour ne citer qu'eux, sont une voie royale pour faire parler l'inconscient. C'est en effet par une parole spontanée et dénuée de toute auto-critique, c'est par le phénomène de l'association libre que nous prenons conscience sur le divan de ce que nous ignorions de nous et qui, soudain, émerge.

Voyez un peu cette image : vous êtes sur un bateau au milieu de l'océan. Autour de vous, de toutes parts et jusqu'à l'horizon, de l'eau, rien que de l'eau, du bleu, rien que du bleu. Et soudain, là-bas, une petite masse noire qui sort de l'eau. Et sous vos yeux stupéfaits, voilà que cette petite masse noire émerge des flots comme une tour Eiffel de chair inattendue dans ce paysage liquide. Une baleine se dresse devant vous de toute sa gigantesque hauteur ! Vous restez stupéfaits, statufiés, émerveillés devant cette apparition.

Cette image m'en rappelle une autre, que nous devons à Pierre Daco. Daco qui, avec ses livres, a suscité nombre de vocations de psychothérapeutes et de psychanalystes. La scène se déroule il y a plusieurs siècles, sur une île déserte. Déserte ? Pas tout à fait car voici un naufragé que la tempête a rabattu il y a très très longtemps sur la côte. Il vit là, seul, depuis de longues années, ignorant tout du progrès et des nouvelles inventions. Un jour, la mer abandonne sur la grève un piano que notre homme découvre de nombreuses semaines plus tard. Les touches sont recouvertes par des algues qui ont séché au soleil. Cela fait une croûte brune qui n'épargne qu'une seule touche. Etonné de sa découverte, le naufragé fait le tour de cet étrange objet. Il s'interroge, caresse le bois, appuie soudain par inadvertance sur la touche visible. Miracle ! Cela produit un son. Notre homme est émerveillé. Cet objet rejeté par la mer produit un son ! Et voilà notre naufragé qui, pendant des années, appuie sur la touche qui produit toujours le même son.

Un jour, un bateau accoste sur l'île. A son bord, il y a un pianiste, tout surpris de découvrir un piano en cet endroit. Le naufragé, fier de son instrument, en fait la démonstration à son hôte. Il appuie sur la touche blanche, appuie encore et encore. Le pianiste arrache alors doucement la croûte d'algues qui recouvre toutes les autres touches et se met à appuyer sur chacune d'entre elles. Le naufragé n'en revient pas. Chaque touche produit un son différent, les sons se mélangent, les doigts du pianiste se promènent sur le clavier et cela produit des mélodies agréables. Notre homme est émerveillé et à la fois plein de regrets. Lui qui croyait tout connaître de ce mystérieux instrument se rend compte qu'il a passé de longues années à exploiter une infime partie des possibilités du piano.

PORRE O LEVARE

Dans *Cinq leçons de psychanalyse*, FREUD faisait déjà au début du XXème siècle une distinction entre les différentes thérapies et il utilisait pour cela une image que j'aime beaucoup : la comparaison entre la peinture et la sculpture. La peinture, expliquait-il, part d'un support - la toile - sur lequel on dépose du matériau : la peinture. Il faut cette recouvrance de la toile pour que l'oeuvre se matérialise ; cet acte correspond en italien au fait de *porre*, c'est-à-dire déposer. Et en imaginant que la création ne plaise pas à son créateur, celui-ci aurait toujours la possibilité de recouvrir encore et encore sa première peinture et de donner le jour à de nouvelles créations. La sculpture, en revanche, nous propose un bloc de pierre qui contient déjà en lui une oeuvre en puissance, et duquel il va falloir retirer du matériau pour que l'oeuvre, à la fin, apparaisse. L'oeuvre va être découverte au fur et à mesure du travail du sculpteur ; cet acte correspond en italien au fait de *levare*, c'est-à-dire enlever. Avec cette comparaison, nous avons là une parfaite illustration de ce que sont les thérapies recouvrantes d'une part et les thérapies découvrantes d'autre part.

Et c'est à cet endroit qu'un point essentiel mérite d'être éclairci une bonne fois, laissant loin derrière des débats stériles et qui induisent les patients en erreur. Lorsque FREUD a fait cette distinction entre *porre* et *levare*, il opposait effectivement la psychanalyse - découvrante - et l'hypnose - recouvrante. C'est vrai et il faut le reconnaître. Mais de quelle hypnose parlait-il ? Nous sommes à la fin du XIXème siècle et au tout début du XXème siècle ; la majeure partie de ce que l'on connaît de l'hypnose à cette époque se résume à l'usage d'une influence massive, directive, autoritaire par le verbe, le regard et le geste. Il s'agit de faire disparaître le symptôme, de le gommer sans se préoccuper de son origine ni des conséquences de sa suppression. Alors oui, nous étions objectivement dans l'acte de *porre*, de recouvrir, de cacher. Seulement, ce que l'on sait moins, c'est que FREUD a utilisé bien d'autres façons d'appliquer l'hypnose à ses patients : comme BREUER, il a fait appel à une hypnose clairement découvrante lorsqu'il recherchait l'origine des symptômes de ses patients ; comme JANET, il a usé d'une hypnose découvrante pour nettoyer les souvenirs traumatisants des névroses de guerre et favoriser ainsi une expression émotionnelle profondément bénéfique à ses patients. Par ailleurs, tout le XXème siècle a vu l'hypnose se découvrir de nouvelles possibilités, s'enrichir de nouveaux axes thérapeutiques, se prêter à de nouvelles façons d'être utilisée. Il serait donc absurde de croire que, tout comme il y a plus d'un siècle, l'hypnose se réduirait aujourd'hui à une technique recouvrante ayant pour seul objectif de faire disparaître un symptôme. Toutes les orientations théoriques soulignent combien l'hypnose est partout, au carrefour de toutes ces approches et parfois même au coeur de certaines d'entre elles. Elle les interpénètre toutes, elle est représentée à des degrés divers dans chacune d'elles. C'est la plus intégrative de toutes (sauf pour des praticiens très marqués dans une approche spécifique). J'aime évoquer pour mes élèves l'image d'une *mamma* opulente et généreuse, qui sait parfois d'un geste ou d'un regard réunir des frères ennemis, et qui sait aussi porter un regard tolérant sur des enfants turbulents et faisant montre d'une indépendance obstinée. Ce que je veux pointer du doigt, c'est que l'hypnose est réellement la *mère* de toutes les thérapies.

LE MANQUE DE MANQUE

J’ai parfois l’impression de recevoir en consultation un nombre croissant d'adolescents vraiment très mal dans leur peau, des jeunes qui ne trouvent aucun sens à leur vie, qui se sentent nuls, sont angoissés, ont envie de mourir. Et je crois que les raisons de ce tableau se trouvent dans les travers de notre société actuelle. Nous vivons dans l'immédiateté de la satisfaction de nos désirs. Or, quand tous les désirs sont satisfaits, qui plus est dans l’immédiateté, bref quand il n'y a plus de manque, le désir lui-même se meurt. Il n'y a plus de sens à l'attente, il n'y a plus ce travail de l'imaginaire qui fantasme la réalisation du désir, qui préfigure le plaisir qu'il y aura à vivre la satisfaction du désir. Sans attente, sans frustration, le désir n'a plus de raison d’être, il n’a pas de sens, il n'a plus de valeur. Même le travail, l'effort nécessaire à l'obtention d'une satisfaction, même cela perd son sens. Le manque est nécessaire, il est indispensable à la construction du sujet.

Vous avez bien compris que je ne suis pas en train de parler de privation ou de brimade. Je ne conseille pas aux parents de mettre en oeuvre un quelconque interdit. Je veux juste dire que la plupart des adultes, peut-être par honte, par culpabilité, ou encore parce qu'ils ont eux-mêmes souffert de privations et qu'ils ne veulent pas que leurs enfants en souffrent... Bref, de nombreux parents ne savent plus apprendre à leurs enfants la valeur de l'attente. De nombreux parents ne savent plus dire *non*. Ils ne savent plus mettre en balance un effort à fournir et la satisfaction d'un désir.

Aimer son enfant, ce n'est pas le remplir, le goinfrer de dons, acquiescer à toutes ses demandes, répondre toujours positivement à ses attentes ou, qui plus est, les devancer.

L'attente, c'est ce qui met la réalité du désir à l'épreuve. C'est elle qui permet de faire la part de la pulsion ou du caprice. L'attente fait découvrir la valeur du travail qui permet d'obtenir ce que l'on désire, qu'il s'agisse d'une bonne note, de la réussite à un examen, d'une mobylette ou d'un téléphone portable. Et l'attente permet de lier un cadeau à une occasion de cadeau, une justification du cadeau, qu'il s'agisse d'un anniversaire, d'une fête, de la réussite à un examen... Bref, un événement susceptible de marquer l'enfant ou l'adolescent, un événement qui sera inscrit dans son histoire comme un moment important, une étape, un passage vers autre chose, la récompense du travail accompli, une récompense qui donne du sens à ce travail et de la valeur à l'objet offert.

On ne peut pas continuer à tromper des générations entières en leur faisant croire qu'il suffit de désirer pour obtenir. Cette croyance-là doit être éradiquée dès l'enfance, sinon le choc est brutal à l'âge adulte. Elevé dans la satisfaction systématique et immédiate, ou pire dans la prévenance du moindre de ses désirs, entretenu, maintenu dans cette illusion, l'enfant roi est condamné à devenir un déprimé, ou un pervers.

LE GRIMPEUR

La perte est un sujet que j'ai déjà évoqué dans un chapitre précédent et qui revient bien évidemment très souvent en thérapie. Tout dépend bien sûr de quelle thérapie l'on parle. L'exemple que je veux vous donner n'a cette fois rien à voir avec une analyse orthodoxe, mais il y a tant d'approches dans lesquelles on peut éclairer le patient sans l'influencer ! Il est ainsi une image que je partage souvent avec des patients et qui les aide à comprendre quelque chose d'essentiel.

Imaginez la scène. Une paroi rocheuse, à la verticale. En haut, encore de la roche. En bas, l'abîme. Et collé à cette paroi, un homme, un grimpeur. Il est là, comme épousant la roche dans un mariage improbable. Le bout de chaque pied a trouvé un appui , le bout des doigts de chaque main a trouvé à quoi s'agripper. Et le temps s'écoule. Je ne sais pas, imaginez que l'on soit en hiver, que l'après-midi touche à sa fin, que la température baisse, que le vent se lève, qu'il fasse de plus en plus froid, que la nuit amorce son arrivée prochaine. Bref, que des moments difficiles s'annoncent. Que fait notre grimpeur ? Reste-t-il collé à la paroi, immobile, pétri de peur ? S'il demeure ainsi, il va mourir, c'est évident. La nuit va l'engloutir, le froid va le paralyser, et il va chuter. La seule solution pour lui, c'est d'accepter de lâcher un appui, un pied ou une main peu importe, et de partir à la recherche d'un nouvel appui un peu plus haut. Oui, cette perte représente un risque, bien sûr, mais un risque nécessaire, c'est un mouvement indispensable pour pouvoir changer quelque chose dans la situation. Et lorsqu'il aura trouvé un nouvel appui, pour la main ou pour le pied, il lui faudra encore accepter de lâcher un autre appui, du pied ou de la main, pour partir à la recherche d'une nouvelle prise. C'est ainsi et pas autrement que le grimpeur a des chances de s'en sortir.

Autrement dit, il lui faut accepter de perdre pour avancer.

UNE QUESTION D'ORTHOGRAPHE

Il y a une catégorie de patients auxquels, au cours du premier rendez-vous, je pose la question suivante : « *Etes-vous plutôt bon en orthographe* ? ». Si la réponse est oui, je demande : « *Comment écrivez-vous le troisième mot de la phrase suivante : Vivre, c'est risquer/é ? Pouvez-vous épeler ce troisième mot ?* ».

Et aussitôt, voilà que cette catégorie de patients se sépare en deux sous-catégories. Il y a ceux qui répondent "R-I-S-Q-U-É" avec un *e* accent aigü. Le mot, épelé ainsi, montre clairement au patient comment il considère la vie, c'est-à-dire comme un danger. A l'extérieur, tout est dangereux et pour ne pas tenter le diable, il vaut mieux rester sans bouger, dans la personne que nous sommes, dans nos habitudes, dans nos comportements, etc. *E* avec un accent aigü, c'est ainsi que le mot risqué est entendu par les personnes dépressives, fatiguées, blessées par la vie, les personnes dans la souffrance, les personnes qui trouvent dans l'absence de mouvement le meilleur arrangement qui soit avec toutes les peurs que représente l'extérieur.

Et puis, il y a les patients qui répondent "R-I-S-Q-U-E-R" à l'infinitif. La réponse révèle (et parfois au patient lui-même) que la vie implique de prendre des risques. Elle souligne que la personne croit en l'existence en elle de ressources de réactivité. Elle lui montre clairement que la mise en mouvement est indispensable pour que des choses puissent changer en nous et autour de nous.

Juste une question d'orthographe, et c'est toute la question de la responsabilité personnelle du patient qui se trouve mise en pleine lumière.

QUI ETES-VOUS ?

Lorsque je reçois un nouveau patient pour la première fois, il m'arrive aussi parfois de demander « *Qui êtes-vous ?* ». La réponse à cette question a le mérite de cerner aussitôt la problématique de la personne en termes d'image de soi, et donc d'estime de soi :

- je ne sais même pas qui je suis
- je ne suis pas grand-chose
- je suis un sportif handicapé
- je suis un mauvais fils... etc

La réponse permet également de voir émerger la conséquence de l'image de soi dans l'économie générale du sujet. Et cette conséquence est encore plus évidente chez les adolescents et les jeunes adultes. Voyons quelles peuvent être les conséquences les plus fréquentes.

Sur l'éventail des positions adoptées en réponse, nous trouvons d'un côté la rébellion, ou tout au moins la démarcation. « *Je fais tout pour ne pas ressembler à l'autre. Je veux lire ma différence dans le regard de l'autre* ». Si cette attitude est assumée avec fierté dans les relations quotidiennes qui ne présentent pas d'enjeu important, il n'en va pas de même dans le domaine professionnel. Là, en effet, la différence aboutit souvent à un rejet, mal vécu par le jeune, et qui lui donne souvent envie de se démarquer encore davantage de la norme sociale. En agissant ainsi, en croyant suivre ce qu'il considère comme son désir, il s'exclut davantage, socialement parlant.

Pourquoi dis-je « *en croyant suivre ce qu'il considère comme son désir* » ? Simplement parce que la différence montrée à l'autre n'a pas pour but de montrer ce qu'il est vraiment en tant qu'individu unique, mais de montrer seulement une opposition à une norme. Ce faisant, il ne se rend pas compte qu'il adopte une autre norme, celle du clan auquel il veut appartenir pour se démarquer du groupe le plus large. Il ne va donc pas dans le sens de la révélation de sa singularité. Il demeure agrégé à un groupe, à des codes, des signes, à une autre norme. Les publicitaires l'ont parfaitement compris lorsqu'ils vantent un produit en prétendant qu'il rendra son possesseur unique ou différent. En réalité, le possesseur de l'objet ne sera différent que des non possesseurs de l'objet, mais il se sera fondu dans la masse des possesseurs du même objet.

A l'autre extrémité de l'éventail des positions adoptées en réponse, nous trouvons ce que j'appelle l'obsession amoureuse. On trouve à la source de ce comportement une peur de l'abandon, un besoin de reconnaissance, la certitude de ne pas être aimable, et donc la peur imprégnante de ne jamais être aimé. Il s'en suit une attitude qui vise à tout faire pour correspondre à l'image attendue par l'autre. L'autre pouvant être aussi bien le parent que le représentant de l'autorité en général, mais aussi le recruteur, l'amant, et jusqu'à l'épicier du coin. Pour cet individu, il faut être fait d'un latex suffisamment souple pour adopter les signes de la norme du groupe le plus large. Pour être accepté au sein de la société, il faut arborer ses signes et se soumettre à sa norme.

Entre ces deux extrêmes, la démarcation d'un côté, le mimétisme de l'autre côté, on trouve bien entendu toute une gamme de positionnements intermédiaires. Et il ne s'agit pas de dire que tel comportement est bénéfique et que tel autre serait néfaste. Le but d'une démarche thérapeutique consiste seulement à permettre à l'individu de se défaire de ses vêtements empruntés à un autre pour lui révéler ce qui se trouve véritablement au-dessous. Alors seulement, il sera en mesure de répondre différemment à la question « *Qui êtes-vous ?* ».

DEUX COLONNES

Dans un chapitre précédent, je vous proposais d'avoir recours à une question d'orthographe pour permettre à un patient de prendre conscience de sa part de responsabilité dans la survenue ou le maintien de son état. Je vous invite maintenant à utiliser un autre outil pour souligner l'importance de la part active que chacun doit prendre à la transformation de sa vie. Imaginons un patient qui souffre de répétitions, et proposons-lui le petit exercice suivant.

Prenez une feuille de papier (ou créez-la dans votre tête si vous êtes en hypnose), tracez un trait sur toute la hauteur pour la diviser en deux colonnes, une à droite et une à gauche.

Dans la colonne de gauche, inscrivez toutes les situations de votre vie sur lesquelles vous n'avez manifestement aucune prise, aucune influence possible, aucune possibilité de changement, aucune marge de manoeuvre.

Dans la colonne de droite, inscrivez toutes les situations sur lesquelles il vous semble que vous avez une prise, même minime.

Quand cela sera fait, quand les deux catégories de situations auront bien été séparées, alors vous ne pourrez plus échapper à un constat brutal. Tout d'abord, vous vous apercevez qu'il y a finalement bien peu de situations sur lesquelles vous n'avez strictement aucune prise. Ces situations-là, il va bien falloir les accepter. Inutile de tourner en rond, de répéter, de vous lamenter, de vous cogner encore et encore contre le même mur. Il va bien falloir accepter votre impuissance à changer ces situations-là. Il va falloir *faire avec*, trouver avec elles le meilleur arrangement possible.

En revanche, les autres situations, celles sur lesquelles vous pouvez influer, celles-là imposent que vous posiez des actes. Et ce sont ces actes, et seulement eux, qui changeront votre présent et vos lendemains. Si vous ne les posez pas alors que personne ne peut les poser à votre place, alors vous êtes pleinement responsable du fait de demeurer dans cet état de stagnation.

Allez, prenez une feuille de papier…

POLLUEURS

Il y en a partout. Au coin de votre rue et sur tous les océans du monde. Dans les zones industrielles et peut-être même dans l'appartement contigu au vôtre. Des pollueurs de la nature, de la terre, de la mer et de l'air. Mais il y a aussi des pollueurs de l'esprit, et ils sont certainement aussi néfastes que les autres. Et je ne suis même pas en train d'évoquer les pervers narcissiques, les publicitaires, les politiques, ou le voisin irrespectueux. Non, je veux vous parler aujourd'hui de ces personnes qui, par ou à cause de la puissance des mots, nous intoxiquent sans le savoir ou sans le vouloir. Certes, ils sont malades et ils projettent leurs souffrances sur autrui, mais cela n'enlève rien à la gravité de leurs actes et des conséquences de leurs actes. Qu'ils soient professionnels de la santé ou de la relation d'aide, qu'ils se disent voyants, mediums ou ce que vous voudrez, le résultat est le même : leur statut, ou ce qu'ils dégagent, ou le crédit dont ils sont investis fait que leur influence est grande et profonde. Et elle tient souvent à quelques mots. Juste quelques mots comme une flèche empoisonnée qui va distiller sa capacité de nuisance pendant un temps parfois infini. Juste quelques mots qui vont induire des comportements et orienter des actes, des choix, des décisions parfois capitales.

Il y a quelques jours, je reçois une jeune fille qui, au fil de sa verbalisation, évoque une amie à elle, souffrant de cystites récidivantes, et qui, consultant une orthophoniste pour une toute autre raison, se confie à elle et lui fait part de son symptôme fort invalidant. Remarque de l'orthophoniste : « *D'après mon expérience, les personnes souffrant de cystites récurrentes ont souvent été victimes de viols dans leur enfance* ». Entendez-vous le sifflement de la flèche empoisonnée décochée par cette femme ? Entendez-vous le bruit que fait la flèche lorsqu'elle se plante dans l'esprit malléable de la jeune fille ? Ces personnes sont de véritables fléaux. Des pollueurs de l'esprit, capables d'influencer pendant des années et des années, capables d'abîmer des vies entières, de gommer le sens critique d'un individu particulièrement sensible, capables de jeter la réalité aux orties et d'implanter une interprétation qui n'est souvent que le reflet de leur histoire personnelle ou de leurs fantasmes. De quel droit peut-on se permettre ainsi de violer l'esprit de l'autre ? De quel droit s'imposer dans l'histoire d'un autre ? Comme il est impossible d'éradiquer tous ces dangers publics, on ne peut que s'adresser aux victimes potentielles, véritables éponges capables de s'imprégner du meilleur comme du pire. J'ai envie de leur dire : quelle que soit la personne qui vous parle, conservez votre esprit critique. Quels que soient le diplôme, l'aura, l'empathie de la personne, gardez une distance de sécurité. Ne gobez pas tout, n'avalez pas n'importe quelle affirmation. Gardez toujours à l'esprit que la personne la plus respectueuse, c'est la personne qui ne tente pas de vous influencer. C'est celle qui a compris que si l'homme a été créé avec deux yeux, deux oreilles, deux narines, et une seule bouche, c'est bien pour s'en servir dans les mêmes proportions. Alors, soyez vigilant quant aux mots qui vous sont adressés. Ils peuvent faire naître la lumière, ou apporter la peste.

ENCEINTE

On se pose tous un jour la question de savoir ce qu'il restera de nous après notre mort. Que laisserons-nous derrière nous ? Qu'aurons-nous transmis ? La vie à travers des enfants ? Un patrimoine ? Un nom ? Un savoir-faire ? Des opinions défendues âprement ? Des valeurs affirmées sans concession ? Une invention qui rendra plus belle ou plus douce la vie des hommes qui vivront après nous ? L'exemple de quelqu'un de bien auquel on aura le désir de ressembler ? Ou parfois l’inverse ?

Nous avons tous cette idée de la transmission en nous, comme l'ultime tentative d'échapper à la mort, d'échapper à l'oubli, de survivre quelque part, sous une autre forme. Cette idée de transmission compte parmi celles qui donnent du sens à notre vie. On la voit émerger en psychanalyse, au bout d'un temps parfois très long, chez un patient ou une patiente en mal d'enfant.

Je pense souvent à ces femmes entrées en thérapie ou en analyse parce qu'elles ne parviennent pas à avoir d'enfant. Qu'est-ce qui fait que l'une d'elles est soudain enceinte au bout de 3 mois ? Et qu'une autre l'est au bout d'un an ? Et qu'une autre encore l'est au bout de 3 ans ? Et qu'une autre ne l'est toujours pas au bout de 5 ans ? Je ne parle bien entendu que des couples dans lesquels l'homme et la femme disposent de toutes les facultés de procréer.

Quel est le moteur ? Quels est l'obstacle ? En quoi consiste le ralentisseur ? Qu'est-ce qui fait étincelle ? Et qu'est-ce qui fait que parfois l'étincelle ne se produit jamais ? Il m'arrive de revoir le haussement d'épaules de ce médecin à qui l'on disait que cette patiente était stérile. Le haussement d'épaules semblait dire « *C'est n'importe quoi* ! ». Comme si la stérilité n'existait pas. Comme si c'était une légende, voire une aberration. « *Bien sûr,* semblait-il dire, *bien sûr que toutes les femmes sont capables de procréer à partir du moment où elles ont tout ce qu'il faut pour procréer* ! ». Mais alors, où est l'obstacle ?

Une longue analyse fait apparaître dans la lumière un florilège de raisons, d'hypothèses qui donnent du sens à l'absence d'enfant alors même que le désir est là. Et puis, il y a le corps, qui possède la capacité de réduire à néant la puissance de n'importe quelle molécule chimique. Oui, la chimie de notre corps est plus puissante que la chimie des médicaments ; elle peut la potentialiser, ou bien l'annihiler lorsqu'une raison plus *vitale* le nécessite. C'est de la même façon, sans doute, que des raisons inconscientes sont capables d'inhiber une fonction biologique, faisant douter d'un réel désir d'enfant.

Et puis, parfois, l'heure est à l'arrêt de l'horloge biologique. La limite est atteinte et l'enfant tant souhaité n'est pas arrivé. Après le temps de l'espoir et de l'attente, une deuxième traversée doit alors être accomplie, celle du deuil, qui voit la patiente se cogner au déni, vibrer de colère, sombrer dans la tristesse, s'apaiser un jour dans l'acceptation.

Il faut alors trouver un autre sens à la vie, une autre raison de vivre, il faut inventer ce qui fera que l'on transmettra tout de même quelque chose, qu'une part de nous traversera le temps malgré l'absence d'enfant. Une nouvelle énergie, plus paisible, vient habiter la patiente et la rend disponible pour cet autre acte de création.

TOUJOURS LE CADRE

Une des questions qui revient le plus fréquemment chez les patients qui font une demande de thérapie par hypnose, c'est celle de la durée. Il est très difficile d'expliquer que nous ne sommes pas chez le médecin et que nous ne prescrivons pas des comprimés ou des suppositoires selon un dosage rigoureux. Difficile également de souligner que l'on n'est pas chez le kiné qui va s'occuper de notre dos ou de nos lombaires pendant x séances. Pourtant, c'est ce qu'attendent de très nombreux patients. « *Je voudrais arrêter de fumer ; vous pouvez le faire en combien de séances ?* ». « *Combien de séances il va falloir pour me faire oublier cet homme dont le souvenir me poursuit ?* ». « *Vous pensez qu'il va falloir combien de séances pour que je n'aie plus peur de conduire à nouveau ?* ». Etc.

Pour moi, la question qui se pose derrière cette préoccupation du patient, c'est la question du cadre. Certains thérapeutes, adeptes de la plus grande permissivité, choisissent de laisser le patient vivre la thérapie à son rythme. C'est-à-dire qu'ils laissent en quelque sorte le patient (ou son inconscient !) programmer son résultat. Cette programmation peut s'appuyer chez le patient sur des données financières, ou bien encore sur la lecture d'un article sur l'hypnose, ou encore sur ce qu'un autre patient lui a raconté. Bref, c'est un peu le respect de la singularité de chacun. Là où un patient va tourner la page du tabac en une séance, il en faudra trois à un autre patient. Là où un état de panique va s'estomper en trois séances, il en faudra dix à un autre pour reprendre le volant.

Bien entendu, j'évoque seulement les thérapies qui se terminent sur un résultat positif. Et je ne parle que des patients qui sont tellement dans le contrôle et le besoin de maîtrise qu'ils ne peuvent accepter que ce cadre-là.

Et puis, il y a les thérapeutes qui, dès le premier entretien avec un patient, posent un cadre très serré : ce sera comme ça et pas autrement ; vous rentrez dans le cadre ou bien vous allez voir un autre praticien ; vous êtes libre. C'est une autre forme de liberté, une toute autre approche, avec ses avantages, et aussi ses inconvénients. Et parmi les avantages thérapeutiques, il y a ce penchant naturel de l'individu (ou du moins d'une très grande majorité d'entre eux) de se soumettre à une autorité qui sait. Un penchant qui, dès lors qu'il fait entrer le patient dans le cadre, garantit en quelque sorte une bonne partie du résultat thérapeutique.

Après, qu'est-ce qui fait que tel patient réussira sa thérapie parce qu'on lui aura imposé un cadre très serré ? Qu'est-ce qui fait que tel autre patient obtiendra un résultat parce qu'on l'aura laissé aller à son rythme ? C'est là que les choses deviennent réellement intéressantes. Parce qu'il y a bien évidemment une troisième approche, et une approche certainement bien plus pertinente que d'avoir recours à un cadre identique pour tous les patients. C'est de choisir le cadre en fonction d'un certain nombre de paramètres propres à chaque patient. De pousser le respect de la singularité jusqu'à ce point-là.

Et quand je parle de paramètres, ce n'est bien entendu ni de la couleur des yeux ni de la façon de marcher. C'est uniquement une question de *structure*. Remontez un peu en arrière dans ce livre et relisez maintenant le texte sur le cristal de roche. Vous comprendrez peut-être mieux que choisir d'une façon systématique d'adopter une grande permissivité ou au contraire un cadre très serré, cela ne concerne que le thérapeute et sa posture. Déceler en revanche quelque chose de la structure du patient et faire ensuite un choix en fonction de cette structure, c'est placer le patient au centre de la thérapie. Et c'est bien ce qui, me semble-t-il, devrait toujours être la préoccupation première de tout thérapeute.

FIBROMYALGIES

Il y a une quinzaine d'années, je mettais en ligne sur mon site web le journal d'une ancienne patiente que son médecin avait diagnostiquée *fibromyalgique*. Les marques d'intérêt à l'époque avaient été nombreuses et je n'ai cessé depuis de me pencher sur ce syndrome et sur les différentes façons de l'aborder en thérapie. Aujourd'hui, si je choisis d'évoquer ce sujet, c'est d'abord parce que l'on parle de plus en plus de fibromyalgie et que de plus en plus de personnes cherchent des réponses, sinon la fin de leurs souffrances. Et puis, il se passe avec ce syndrome quelque chose de très curieux que j'ai envie de partager avec vous.

Au fil des quelques quinze années au cours desquelles j'ai reçu des personnes auxquelles on avait dit « *Vous souffrez de fibromyalgie* », je me suis forgé une conception bien particulière de ce syndrome et de son origine. Cette conception, je l'expose régulièrement au cours des séminaires que je dispense et j'ai plaisir à noter que même des médecins, des kinés, des ostéos avouent leur intérêt pour elle. Ce qui étonne toutefois le plus, ce n'est pas la conception même que je me suis forgée, ce sont les conclusions auxquelles nous parvenons tous, nécessairement, après l'exposé de multiples cas cliniques. Jugez plutôt :

• Denise T., 42 ans, professeur d'histoire. Mariée, 2 enfants. Plusieurs arrêts maladie de durées diverses. Après le parcours du combattant habituel, à savoir généraliste, rhumatologue, radios, scanner, kinésithérapeute, ostéopathe, anxiolytiques, antidépresseurs... Après donc le parcours du combattant, cette dame vient consulter pour *essayer* l'hypnose. Nous démarrons une série de 10 séances d'hypnose passive, avec pour objectif une myorésolution optimale. Dès la troisième séance, la patiente fait état d'un évident mieux-être. Après la sixième séance, son confort de vie se trouve tellement amélioré qu'elle décide de mettre fin à sa démarche. Recul : 7 années.

• Catherine B., 63 ans, veuve depuis 5 ans d'un époux commerçant. De grands enfants vivant dans le nord de la France. Orientée vers moi par la patiente précédente. Douleurs très invalidantes et repli social croissant. Lors du premier entretien, dit qu'elle a envie de faire de l'hypnose parce que cette dame lui en a parlé. Elle souligne également qu'elle a vécu « *tant de choses difficiles* » dans sa vie. Nous nous orientons vers une forme d'hypnose permettant à la patiente de s'exprimer. Et l'expression ne tarde pas à se manifester ! De nombreux moments de vie sont évoqués au fil des 8 séances que fera cette patiente. Avec beaucoup de pleurs, elle met en mots des traumatismes souvent vécus dans l'isolement. Chaque séance est suivie d'un debriefing en face-à-face. Le gain d'amplitude dans ses mouvements apparaît dès la quatrième séance. L'ouverture sociale se manifeste timidement, puis avec de plus en plus d'enthousiasme. La démarche physique change du tout au tout. La notion de douleur n'est plus du tout évoquée après la cinquième séance. A l'issue de la huitième séance, la patiente dit envisager un long voyage avec deux nouvelles amies. Sa vie, dit-elle, est manifestement transformée. Recul : 5 années.

• Elodie P., 33 ans, hôtesse d'accueil, diagnostiquée fibromyalgique à 29 ans, sous antidépresseurs depuis 3 ans. Veut arrêter son traitement qui, je cite, « *ne supprime pas de toutes façons toutes mes douleurs* ». Elle demande quelles sont les approches qui pourraient l'aider. J'ouvre un éventail assez large. Elodie, qui a fait beaucoup de danse lorsqu'elle était enfant et adolescente, choisit une approche résolument corporelle, une synthèse personnelle de la méthode Jacobson. Notre programme s'étale sur 10 semaines à raison d'une séance par semaine et d'un engagement de la part de la patiente à faire chaque exercice chez elle une fois par jour, l'exercice en question ne demandant que quelques minutes. Les douleurs disparaissent intégralement après six semaines. Nous allons toutefois jusqu'au bout du programme annoncé. Recul : 10 ans.

• Jean-Pierre P., 55 ans, ingénieur, diagnostiqué fibromyalgique à 48 ans. A plusieurs reprises sous antidépresseurs pendant quelques mois chaque fois. Dans l'éventail des possibilités qui lui sont offertes, il choisit sans hésiter une psychothérapie analytique. Celle-ci va durer presque 4 ans. Ce qu'il faut noter dans le parcours de ce patient, c'est que, grâce à un travail sur l'ensemble de sa personne, de sa vie, de son histoire, la plainte liée à la fibromyalgie s'espace au fil des premiers mois pour disparaître quasiment totalement au bout de 5 à 6 mois. A l'issue des 4 années d'analyse, Jean-Pierre dresse le constat suivant : « *Je me suis tellement immergé dans ma thérapie, j'ai abordé tellement de sujets me concernant et concernant ma famille que les douleurs sont largement passées dans les coulisses. Même si elles ont bien diminué, elles n'ont pas disparu mais elles n'ont pas la même présence, le même poids dans ma vie. Elles ne constituent plus le handicap pour lequel je suis venu consulter il y a 4 ans* ».

• Enfin, je citerai le cas de Colette, 72 ans, dont les douleurs sont apparues 3 ans plus tôt. Ancienne ouvrière dans le textile, elle a des enfants et des petits-enfants qui vivent à l'autre bout de la France et qui lui manquent beaucoup. Au bout de quelques séances en face-à-face, elle finit par dire un jour : « *Si je n'avais pas ces douleurs, mes enfants me téléphoneraient encore moins souvent, ils ne s'inquièteraient pas pour moi. J'aimerais tellement vivre près d'eux mais je ne veux pas m'imposer, ils ont tous leur vie* ». Six mois plus tard, Colette souffrait toujours et l'une de ses filles, sensible à la dégradation de l'état de santé de sa mère, lui proposait de venir habiter chez elle en Bretagne. Merci à l'inconscient de Colette qui, *grâce* aux douleurs de la fibromyalgie, avait merveilleusement atteint son objectif. Pour preuve, ce mail de sa fille, quelques semaines après l'arrivée de sa mère chez elle : « *Un grand merci pour tout ce que vous avez fait pour ma mère. Elle va beaucoup mieux, elle sort et fait le marché, elle joue avec ses petits-enfants... Je ne la reconnais pas* ». Qui avait réussi quoi ?...

Ce que l'on note en premier lieu en étudiant ces différents cas cliniques, c'est que, pour parvenir à des améliorations notables du confort de vie des patients, voire à une disparition totale de leurs douleurs, il n'y a pas *une* voie mais de nombreux chemins possibles. De l'approche la plus corporelle et mécanique jusqu'à l'approche la plus analytique, il est parfaitement possible d'agir sur tout ou partie du syndrome fibromyalgie. Par manque d'information, un grand nombre de patients demeurent pourtant prisonniers de la prise d'antidépresseurs ou d'anxiolytiques. Je dirai aussi que, par manque de communication avec une certaine partie d'eux-mêmes, ils ne peuvent pas avoir de prise sur leurs douleurs puisqu'ils ne savent pas quelle est la *fonction* de ces douleurs, quel est le bénéfice que ces douleurs leur apporte parfois.

Voilà donc, à mon sens, 2 responsabilités mises en évidence:

- celle du monde médical et pharmaceutique, qui enferme le patient dans un non-choix
- mais aussi celle du patient, qui trouve souvent plus facile d'avaler un comprimé remboursé par la sécurité sociale que de s'engager résolument dans un travail thérapeutique.

Une nouvelle fois, voilà cette notion de responsabilité qui occupe le devant de la scène. Une présence forte qui nous rappelle ce que disait Bernard Shaw : « *La liberté signifie la responsabilité. C'est pourquoi la plupart des hommes la craignent* ».

L'AIR DANS LE BALLON

Dans les mails que je reçois chaque jour, je ne compte plus les personnes qui s'inquiètent ou s'interrogent à propos de conduites qu'elles ne comprennent pas chez elles, chez leurs enfants ou leurs adolescents. Troubles alimentaires, troubles obsessionnels, troubles anxieux, hyperactivité, difficultés scolaires, mutilations, addictions... Ce qui me gêne le plus en lisant ces mails, c'est de voir combien de fois les mots *conduites* et *troubles* sont utilisés. J'ai l'impression que l'on s'adresse à moi comme on demanderait à un kinésithérapeute de corriger une scoliose, qu'on me soumet un problème de mécanique, alors que le patient dit se trouver dans une grande souffrance.

Depuis maintenant plusieurs années, le public est soumis à un conditionnement dont il ne se rend pas compte et qui le conduit à penser selon une certaine norme qui, aujourd'hui, se décline en termes de *troubles*. Quelque chose ne va pas ? Alors c'est un trouble de ceci ou de cela : un trouble de l'humeur, un trouble du comportement, un trouble alimentaire, etc. Avoir un trouble, c'est être hors norme, c'est être *a-normal*. Il faut alors vite trouver n'importe quoi qui fasse revenir dans la norme, donc dans la normalité. Et pour inventer du n'importe quoi, le marketing thérapeutique s'en donne à coeur joie : il crée chaque jour de nouvelles pistes, de nouvelles approches, de nouvelles pseudo-thérapies qui nous promettent monts et merveilles et annoncent des résultats toujours plus rapides, toujours plus merveilleux. Le but : redevenir *sans* trouble, c'est-à-dire redevenir normal.

Cette clinique des troubles, largement favorisée par l'INSERM, aboutit à une mise en boîte, un étiquetage des patients, une compréhension de la pathologie comme un simple dérapage comportemental, événementiel, qu'il serait possible de corriger, ou pour tout dire de rééduquer. A chaque trouble son remède, à chaque déviance son médicament, à chaque déficit sa compensation. Il faut entrer dans la matrice commune, dans la norme, dans le moule psychologiquement correct.

Et l'individu dans tout ça ? Que fait-on de son unicité ? de sa singularité ? de sa dynamique propre ? que fait-on de la structure clinique ? On est en train de démolir jour après jour toute la nosographie psychiatrique et psychanalytique des pays européens au profit d'une grille de lecture à l'américaine qui nie la prééminence du sujet. Le public, peu à peu conditionné, imagine qu'il va trouver son compte dans cette nouvelle approche. C'est vrai, ça va vite, ça a un petit côté magique, c'est excitant ! Et je le reconnais volontiers, c'est parfois indispensable lorsque c'est la seule grille de lecture dont dispose hélas le patient. Seulement, laissez-moi vous faire une petite démonstration.

Posez sur une table un de ces ballons qu'on offre aux enfants dans les fêtes foraines, ces ballons qu'ils tiennent au bout d'une ficelle. Posez ensuite votre main sur le ballon et exercez une légère pression. Vous vous apercevez alors que vous ne pouvez pas écraser le ballon en exerçant une pression qui amènerait votre main jusque sur le plan de la table. A moins que vous ne fassiez... éclater le ballon ! Vous pouvez juste exercer une pression plus ou moins forte. Toutefois, même avec une pression modérée, vous vous apercevez que l'air que vous comprimez avec votre main cherche de l'espace ailleurs et renfle obligatoirement les parties du ballon qui se trouvent de part et d'autre de votre main. C'est l'application évidente du système des vases communicants !

Oui, je suis en train de souligner, une fois de plus, le fossé qui sépare les approches comportementales et les approches analytiques. Tous les psys du monde rencontrent chaque jour chez leurs patients des troubles du comportement.

Mais ils considèrent ces troubles comme des symptômes, l'expression d'un mal-être, les conséquences d'un conflit psychique plus général auquel il s'agit d'offrir un autre canal d'expression. Lequel ? La parole, évidemment ! Les mots, les émotions, et les mille et une voies qui permettent de les dire. C'est là toute la différence entre une approche mécaniste et comportementale et l'approche analytique. D'un côté, le trouble est une déviance, presqu'une tare qu'il s'agit de dépister, de prévenir, de rééduquer pour que l'individu parvienne à entrer dans un moule et se conforme à une norme. De l'autre, nous considérons le symptôme comme l'expression d'une souffrance liée à de grandes questions existentielles auxquelles chacun de nous est confronté.

Voyez-vous, nous sommes en train de vivre une époque dramatique pour l'individu. On ne jure plus que par la science, par des modèles neuro-développementaux qui invitent les praticiens à agir comme des correcteurs de conduites. Tout est fait pour que l'on ne permette même plus à l'individu de vivre le pouvoir de la parole. Le résultat : la déception fréquente et son corollaire : l'errance thérapeutique.

Alors, j'ai envie de vous dire : si vous souffrez, soyez conscient que vous ne vous plaignez pas d'une jambe cassée. Ce n'est pas de rééducation dont vous avez besoin. Vous n'avez pas quelque part un boulon dévissé qu'il faudrait resserrer avec une clé à molette. Vous avez besoin d'être reconnu comme un individu unique et non pas identifié comme un trouble x ou y.

Continuons sur ce sujet avec le chapitre suivant.

MACHINE À TRANCHER

Si vous savez ce qu'est une machine à trancher le jambon, alors vous savez ce qu'est le DSM. C'est un manuel diagnostique des troubles qui découpe l'humain en rondelles et colle une étiquette sur chaque rondelle. Et inutile de vous bousculer : il y a des étiquettes pour tout le monde et pour le moindre trouble !

Le DSM, c'est un meuble de classement de fabrication américaine qui, dès sa première édition, a affiché son ambition de devenir LA référence internationale en matière de psychopathologie. Comment ? En prenant tout simplement le pari de faire correspondre à un ensemble de symptômes donnés une appellation figée, bien carrée, permettant de nommer le trouble dont souffrirait l'individu en question. Ne cherchez pas là-dedans la moindre trace de singularité ; il n'y en a pas. L'humanité toute entière doit parvenir à se glisser dans les cadres et les moules définis par le DSM. Autrement dit et pour faire court, le DSM dénie à l'individu sa place de sujet en même temps que l'importance de son histoire.

Cette flèche empoisonnée, ce vecteur d'une culture d'outre-Atlantique étrangère à notre vieux continent, c'est la démonstration d'une volonté hégémonique contre laquelle doivent se dresser tous les psys respectueux de l'unicité de l'individu. Avec cette classification, en effet, c'en est fini de la clinique qui privilégie l'écoute de la parole du patient. C'en est fini de la relation patient-thérapeute comme étant le coeur du mécanisme thérapeutique. En refusant la singularité de chacun, le DSM oriente peu à peu les enseignements vers une pratique de mécaniciens, vers un remplissage de cases dont l'issue fait fi de l'intuition du médecin et vise purement et simplement à attribuer à un profil une appellation centrée sur la notion de *trouble*.

A qui profite cette inflation démesurée de troubles ? Si vous concevez qu'il existe une réponse médicamenteuse à chaque trouble, alors vous avez bien évidemment la réponse à la question ! Mais j'arrête là, sinon on pourrait m'accuser de souffrir d'une dysfonction de la parole correcte.

ETRE ADULTE

« *Etre adulte, c'est être seul* ». Ces mots de Jean Rostand pourraient servir de fil directeur à n'importe quelle démarche analytique. Il vous faut d'abord ne pas entendre la chose au premier degré. Il ne s'agit pas en effet de croire que, pour être adulte, il faille être solitaire, s'isoler du monde, vivre replié sur soi, voire être misanthrope. Ce serait là le signe d'une autarcie exagérée qui dirait la négation de l'autre, l'incapacité de vivre l'altérité.

« *Seul* » est plutôt à comprendre selon moi comme « *être séparé de* ». C'est être capable d'accepter, d'intégrer la notion de séparation. Et des séparations, nous en vivons depuis le premier jour de notre vie. Séparation d'avec l'intérieur du ventre de la mère, dans lequel nous avons passé 9 mois, et que nous pouvons quitter de plusieurs façons : volontiers, à regret, en rechignant, en résistant, en refusant, en paniquant, en étouffant...

Puis vient une séparation plus matérielle, plus organique, véritable déchirure charnelle : la coupure du lien ombilical. Suivie quelques mois plus tard par la séparation d'avec ce qui représente la vie, la nourriture, en même temps que le plaisir : le sein de la mère.

Combien d'autres séparations ensuite ? Vécues de tant de façons différentes ! Chez l'enfant encore, et chez l'adolescent, puis chez l'adulte, avec les cicatrices des coupures précédentes, avec les échos toujours présents des séparations archaïques. Combien de vécus déchirants à l'âge adulte lors d'une rupture, d'un divorce (même consenti), d'un deuil, d'un éloignement géographique, d'une mutation professionnelle, d'un arrachement aux racines du lieu de naissance ? Combien de dépressions réactionnelles après un événement qui évoque immanquablement la coupure d'avec un repère familier ? Du vécu des premières séparations dépendra souvent le vécu de toutes celles qui suivront.

On dispose alors d'une grille de lecture pour mieux comprendre ces personnes qui voient soudain apparaître dans leur existence un symptôme incompréhensible dont elles ne parviennent pas à saisir le sens. On comprend pourquoi, après un long cheminement associatif, elles en arrivent à évoquer d'anciennes coupures d'avec un être cher, parent ou animal, d'avec un cadre familier et chaleureux, d'avec un âge aussi qui, s'il a été heureux, suscite une profonde nostalgie lorsque l'âge adulte nous confronte à tout sauf à de l'insouciance.

Alors seulement, le lien peut être fait avec le symptôme, un sens peut être donné à celui-ci, un sens qui permet souvent de voir disparaître le symptôme ou en tout cas de le vivre forcément différemment.

PAIRE DE LUNETTES

Un jour, un patient m'a dit : « *Plus j'avance dans ma psychanalyse, plus je découvre que je suis vivant* ». Un autre patient, qui avait choisi pour sa part une thérapie par hypnose, me dit : « *Je me rends compte que la force n'est pas dans la technique hypnotique ; elle est en moi. L'hypnose ne fait que me révéler ma force* ». Dans les deux cas, il y a cette notion de *dé-couverte*. Découvrir au sens d'accéder à quelque chose que l'on ignore. Découvrir au sens de devoir soulever quelque chose pour pouvoir apercevoir ce qui se trouve dessous.

Imaginez que depuis les premiers temps de votre vie, il existe en vous une partie de vous que l'on appellerait le tisserand. Imaginez que ce tisserand ne s'arrête jamais de travailler, qu'il travaille le jour, la nuit, à chaque instant de vos jours et de vos nuits. Qu'il utilise quantité de matériaux différents de votre environnement et qu'il les tisse à sa guise. Eh bien, le résultat de ce tissage, vous l'appelez la réalité. Le problème, c'est que cette construction n'a la plupart du temps rien à voir avec la réalité ; ce n'est qu'une longue succession d'interprétations de la réalité. Et c'est en vous fondant sur ces interprétations que vous orientez votre vie et que vous arrêtez des choix et des décisions.

Je vais tenter de vous faire partager avec des images ce qui se passe alors au fil d'une psychanalyse, aventure toujours singulière, ou ce qui se passe en hypnose, pour les domaines que je connais le mieux. Imaginez qu'en cet instant précis, ma voix vous arrache au lieu, au temps, à l'espace dans lesquels vous vous trouvez. Imaginez que je vous emmène très loin de ces repères, dans les ruelles étroites d'un petit village des bords de la Méditerranée, en plein été, en pleine chaleur, à l'heure la plus chaude de la journée. Vous marchez dans cette ruelle étroite, et lorsque vous regardez à gauche et que vous regardez à droite, que voyez-vous ? Vous voyez des murs blancs, peints à la chaux, écrasés de chaleur. Vous voyez des volets fermés, parce que c'est l'heure de la sieste et que cela permet de préserver un peu de pénombre et de fraîcheur à l'intérieur des maisons. Vous voyez le rideau de fer des magasins, baissé. Ou encore un chat ou un chien qui fait la sieste à l'ombre dans un coin. Et devant vous, sur la place du village, voilà la tour du village dont la porte ouverte vous attire irrésistiblement. Vous entrez dans sa fraîcheur et là, devant vous, vous découvrez l'escalier qui monte tout au sommet de la tour. Allez-y, montez, montez jusqu'au sommet. Et lorsque vous arrivez tout en haut, vous vous apercevez que tout a changé. Vous ne voyez plus les murs blancs à la chaux, vous ne voyez plus les volets fermés, ni le rideau de fer des magasins baissé. Désormais, vous voyez seulement le toit des maisons du village, et devant vous, la vallée qui s'ouvre et qui s'enfuit jusqu'à l'horizon, de part et d'autres des collines vallonnées, la cime des grands arbres. Tout a changé parce que vous avez pris de la hauteur.

C'est cela, la découverte, c'est un changement de perspective. C'est une autre paire de lunettes pour voir la vie, les autres, soi-même. C'est voir les choses et les gens sous un angle différent, sous une lumière différente. C'est s'apercevoir que, sous le tissage à l'ombre duquel nous vivions depuis toujours, il existe un autre monde, une autre surface, un autre relief à parcourir, à explorer. C'est se rendre compte que le tissage qui recouvrait ce monde nous cachait un univers insoupçonné. Dans cet univers-là, tout n'est pas forcément brillant, mais chaque pas, chaque *dé-couverte* nous rapproche un peu plus du réel.

ETES-VOUS BIGOREXIQUE ?

Depuis une vingtaine d'années, on voit apparaître une nouvelle forme d'addiction, celle que certains auteurs appellent *addiction positive* (au travail, à l'ordinateur, au sport) pour la distinguer de *l'addiction négative*, c'est-à-dire l'accoutumance aux substances psychoactives.

Arrêtons-nous aujourd'hui sur le sport. Alors qu'il a toujours été valorisé par la société, on constate qu'il peut devenir obsession, entraînant derrière lui une foule de conséquences. Cette préoccupation étant récente, elle n'a pas encore fait l'objet de nombreuses études mais elle est prise très au sérieux par beaucoup de scientifiques, sociologues et psychologues, montrant par là-même la diversité des domaines concernés. Un jeune étudiant belge a réalisé un mémoire de fin d'études sur le sujet et son travail mériterait d'arriver sous les yeux de nombreux thérapeutes et aussi de nombreux adeptes du sport qui sont en fait des bigorexiques qui s'ignorent.

La bigorexie, terme qui désigne l'addiction au sport, à l'effort, serait « *l'impossibilité répétée de contrôler la pratique sportive, la poursuite de celle-ci malgré les conséquences négatives que cela peut avoir sur la santé physique, psychique ou sur la sphère sociale. Ce comportement vise à produire du plaisir ou à écarter une sensation de malaise interne. Cette addiction commence par l'excès, la recherche de la sensation de plaisir dans l'effort physique qui, peu à peu, va faire naître l'obsession, le besoin et même les effets du sevrage lorsque l'activité est interrompue* ».

Il est important de séparer ces drogués du sport en deux groupes bien distincts. Les uns sont des sportifs d'endurance qui utilisent leur corps comme outil afin d'atteindre des performances. Les autres, dont la finalité est le corps et son apparence, pratiquent le body building, le culturisme et l'haltérophilie. On parle alors de complexe d'Adonis.

Ce qui nous intéresse en thérapie, c'est le moment où l'addiction au sport devient symptôme. Si cette addiction est un moyen d'éviter un comportement extrême pour les personnes les plus atteintes par la désorganisation sociale, alors elle est évidemment moins dangereuse pour la survie de l'individu que le passage à l'acte et le suicide, par exemple. De même, l'addiction à l'exercice physique est moins dangereuse pour l'individu que l'addiction à des substances psychoactives. Mais tout de même ! Il y a là une défense manifeste, un évitement, qui font apparaître l'addiction comme un antidépresseur procurant un sentiment de bien-être et permettant de faire face à un sentiment de vide ou d'incompétence. Dès lors, la bigorexie apparaît bien comme un symptôme, plus ou moins limitant selon les circonstances, les sujets, et l'histoire de ces sujets. Mais un symptôme tout de même, un signe de dépendance qui dénote une carence adaptative. La preuve en est que si un bigorexique arrête de pratiquer, il sombre dans la dépression ou décompense d'une autre façon.

LE TEMPS EN THERAPIE

Chapitre 1
COMBIEN DE TEMPS ?

On me dit souvent : c'est long, une psychothérapie ! Et c’est encore plus long, une analyse ! Et je réponds toujours que la destination n'est pas la même pour tout le monde. Nous ne descendons pas tous du train à la même gare. Il y a pour chacun de nous un point au delà duquel il ne nous est pas possible d'aller. Et pas seulement à cause des résistances ou des peurs, qui occasionnent parfois des arrêts brutaux dans une démarche thérapeutique. Simplement, certaines personnes entreprennent une thérapie ou une analyse en se plaignant d'un symptôme précis et mettent un terme à leur démarche lorsque le symptôme a l'élégance de disparaître. D'autres vont jusqu'à ce terme dont parlait Freud, à savoir le moment où l'on retrouve le plaisir d'aimer et le plaisir de travailler - et reconnaissons que cela peut changer la vie de nombreux patients.

Et puis, il y a l'au-delà de ces deux étapes possibles, un espace infini que nous sommes invités à parcourir, à explorer. Il y a là des champs immenses à labourer, des haies de ronces à traverser, de la terre à dépierrer et à ensemencer. Il faut pour ce voyage-là encore plus de courage, d'audace, de patience aussi. Car si nous interroger, comprendre, est essentiel, la démarche ne peut bien évidemment pas s'arrêter là. Après la lumière doivent s'imposer des choix, et ces choix se traduire en actes.

Il serait illusoire, ou tout au moins très réducteur de penser que ces choix et ces actes seront en lien exclusif avec la raison qui nous a fait entrer en thérapie ou en analyse. J'aimerais parvenir à faire passer le message que la thérapie en général, et la psychanalyse en particulier ne peuvent pas être considérées comme des boîtes bien fermées et aux contours délimités une fois pour toutes. Des boîtes dans lesquelles on passerait un certain temps et desquelles on sortirait *guéri*. Vivre une psychothérapie et a fortiori une analyse, c'est forcément, à un certain moment de son chemin, s'interroger sur la société dans laquelle on vit, sur notre place de sujet, de citoyen dans cette société, sur notre relation aux autres. Et donc, cette réflexion ouvre nécessairement sur des sujets aussi divers que la politique, la consommation, la responsabilité, la solidarité... Si notre souhait est bien de mettre de la lumière là où il y a de l'inconscient, de l'habitude, du conditionnement, du formatage, alors cet éclairage nous conduit à nous interroger sur nos comportements, nos réactions, nos engagements, que ce soit en tant que consommateur, électeur, citoyen, voyageur, membre d'une association, d'un syndicat, d'un parti... que sais-je encore !

C'est d'ailleurs ce qui explique les oppositions farouches que les gouvernements totalitaires ont toujours exprimées vis-à-vis de la psychanalyse. Car laisser à des individus le temps (ou le droit) de réfléchir, c'est risquer de les voir faire des choix, c'est les laisser s'approcher parfois tout près d'un désir de liberté. Il vaut mieux les figer sous le joug de la peur, les bercer de rêves et de promesses, ou leur offrir du pain et des jeux.

LE TEMPS EN THERAPIE

Chapitre 2
L'ENGAGEMENT

Comment expliquer l'engagement en thérapie ? Puisque quelques images remplacent souvent avantageusement de longues explications, ayons recours aux images. L'eau des 3 mètres à la piscine fait naturellement peur à celui qui ne sait pas nager ; c'est pourtant la même eau que celle du petit bassin. La différence, c'est que, dans le grand bassin, les pieds ne touchent plus le sol. Il faut accepter de se laisser aller à des sensations inconnues, à une absence de repères familiers. Il faut que le corps et l'eau s'apprivoisent, fassent connaissance jusqu'à se côtoyer avec grâce, naturel, plaisir. Il faudra se laisser aller à cette eau avec la même confiance que celle dont on fait preuve pour accomplir les activités les plus banales et les plus habituelles de la vie quotidienne.

A un certain moment, il faudra bien s'engager. S'engager totalement. En arriver à un degré d'évidence tel que l'on se laisse même aller à mettre la tête sous l'eau, sans réfléchir, sans vouloir, sans effort. S'engager tout entier et surtout, surtout, ne pas *essayer* car l'essai présuppose mentalement un échec possible. Un de plus, la plupart du temps, puisque la personne a déjà essayé tant de choses, n'est-ce pas ? On n'essaie pas de s'engager ; on s'engage. On n'essaie pas de sauter dans le grand bassin ; on saute.

Attention, comprenez-moi bien. Nous sommes tous différents et nous pouvons bien sûr choisir de descendre d'abord dans l'eau là où nous avons pied avant d'avancer progressivement vers l'eau à laquelle nous nous abandonnerons sans plus penser à elle. Chacun son rythme. Mais à un certain moment, l'eau doit disparaître. Je veux dire la pensée de l'eau, la pensée qu'il y a de l'eau autour de nous, la pensée qu'il n'y a pas de sol sous nos pieds. Tout cela doit s'effacer naturellement parce que nous serons tournés vers autre chose, vers l'intérieur de nous, vers d'autres pensées. Parce que nous nous serons engagés totalement.

Alors, le temps aussi disparaîtra : ce que signifie le temps, la façon dont il s'écoule pour chacun de nous en fonction des circonstances. Le temps de la thérapie, le nombre de séances, la durée de la séance... Tout cela disparaîtra, tout comme disparaît la notion de temps liée aux activités les plus évidentes de nos journées.

Sans engagement total, pas de thérapie. Juste des bouts d'essai. Juste des castings sans suite. Seul l'engagement de l'individu tout entier dans sa démarche peut faire de lui le héros de sa thérapie.

LE TEMPS EN THERAPIE

Chapitre 3
LAISSER LE TEMPS

Chaque année, au premier janvier, une tradition veut que l'on s'offre des bulbes de jacinthe. La consigne est d'arroser chaque soir la terre d'une seule cuillère à soupe d'eau. Et jour après jour, plusieurs fois par jour, je regarde les fleurs vivre leur lent travail d'ouverture, de jaillissement. C'est comme si je partageais cette irrésistible poussée, cette montée de désir dont la puissance provoque un jour la transformation de la grappe verte et dense en une floraison légère et mousseuse. Et chaque année, c'est toujours le même étonnement ! Juste une cuillerée d'eau par jour, et attendre.

J'ai le même étonnement, régulièrement, dans d'autres circonstances. Lorsque je vérifie combien le temps passé en thérapie par un patient constitue souvent le temps qui lui est nécessaire pour arrêter une décision déjà présente en lui. Je ne veux pas dire que ce temps lui est inutile, bien évidemment. Juste souligner combien, très souvent, la décision apparaît en filigrane dans la parole, dès le premier entretien. Enfermée dans la gangue des résistances, prisonnière de quantité de *bonnes* raisons empêchant de la transformer en acte.

Bonnes raisons…, du moins à ce moment-là de la vie de cette personne. Car le travail qui suit va évidemment modifier cet aménagement. C'est un peu de l'hydraulique, voyez-vous, une question de pression dans des circuits. Nous voilà en présence d'une formidable soupe qui mêle le désir, le regret, la culpabilité, l'hésitation, la honte, le doute... Et chacun de ces ingrédients pousse les autres, se retrouve parfois visible à la surface de la soupe, puis disparaît, réapparaît, disparaît à nouveau. Et ce que l'on sent dans cette danse, c'est la puissance des forces en présence, cette tentative de la part de chacune d'elle de prendre le dessus, de l'emporter sur les autres, cette bousculade violente qui ébranle souvent le patient en silence.

Jusqu'au moment où le combat trouve son issue. Victoire écrasante, armistice, négociations plus ou moins longues…, voila qu'émerge un nouvel aménagement qui va ouvrir la porte à la possibilité de poser l'acte décisif.

Qu'a fait l'analyste ? Aurait-il appuyé sur un bouton quelconque ? A-t-il orienté, influé, conseillé ? Rien de tout cela. Il a juste laissé le temps. Le temps nécessaire.

LE TEMPS EN THERAPIE

Chapitre 4
FIN DE THÉRAPIE

La plupart des personnes qui entrent en thérapie ou en analyse ont pour objectif la guérison ou le changement. Laissons de côté la guérison et occupons-nous du changement. Quelle est la demande exprimée généralement ? Revenir à un état, un comportement, une situation antérieurs, considérés par le patient comme plus positifs pour lui que l'état, le comportement, la situation actuels. Ou bien changer pour correspondre à une certaine norme, pour ne pas dire une certaine normalité, aller vers quelque chose de plus conforme à ce que souhaitent le conjoint, le parent, l'employeur, la société, ou tout simplement ce que le patient considère comme étant la norme. Cette demande-là implique un effort d'adaptation à la norme en question et si cet effort est consenti, c'est souvent parce que lui seul est censé permettre au patient d'être enfin accepté par l'autre ou par la société. Une acceptation qui se paiera au prix fort : le prix de ce qui faisait auparavant sa singularité et contre quoi il a dû lutter.

En effet, il n'est pas sûr que la norme apporte davantage de joie au patient. Rien ne dit que l'abandon de ce qu'il était auparavant le fera moins souffrir. Peut-être le changement sera-t-il au contraire pour lui plus douloureux. Un peu comme d'endosser un vêtement qui n'est pas adapté à nos mensurations, trop large ou trop étroit. De l'endosser juste parce que c'est la mode, ou parce qu'il le faut, ou parce que l'on nous dit que c'est bon pour nous.

Cette voie de l'adaptation en tant qu'idéal, voire en tant que normalité, submerge alors peu à peu tous les territoires de l'individu et recouvre ce qui faisait le relief d'une personnalité, sa singularité. Et c'est le naufrage ! L'individu s'est noyé dans la masse.

Le patient doit savoir que l'issue d'une thérapie ou d'une analyse n'est pas forcément le changement tel qu'il peut être souhaité ou espéré au début de la démarche. C'est parfois l'acceptation de sa propre singularité qui ouvre la voie à une existence plus riche, même si cette acceptation paraît de prime abord inconcevable.

LE TEMPS EN THERAPIE

Chapitre 5
LE TEMPS, MAÎTRE DE LA THÉRAPIE

Elle a pris rendez-vous, elle est venue à deux séances, et puis elle a disparu. Sans prévenir, sans s'expliquer, sans s'excuser.

Trois ans plus tard, elle est revenue. Chaque semaine pendant trois mois, avant de disparaître à nouveau sans prévenir. Puis nouveau retour pendant trois mois, avec la ferme intention, cette fois, d'aller au bout de sa démarche. Et nouvelle disparition !

La peur du changement peut être parfois terrifiante. Elle nous place au pied du mur, dans l'obligation de choisir. Et souvent, faire route arrière est plus facile que d'affronter la peur.

De même, la proximité de la mise à jour d'un souvenir refoulé peut créer une résistance plus forte que la souffrance ou le désir de changement qui a fait entrer le patient en thérapie.

J'évoque bien souvent cette traversée de l'épreuve de l'angoisse, que je compare à un pont de lianes suspendu au-dessus de l'abîme. Parvenu devant cet assemblage fragile, tétanisé d'effroi à l'idée de tomber dans le vide, il arrive que le patient s'arrête, parfois peu de temps, parfois très longtemps. Il arrive aussi qu'il choisisse de rebrousser chemin.

Dans ce cas, pris de honte, il préfère souvent fuir le regard et l'oreille de son psy plutôt que d'avoir à avouer sa terreur. Il disparaît, ne vient plus à ses séances.

Le thérapeute a souvent compris ce qui est à l'oeuvre chez son patient. Il pressent ce qui va se passer. Il écoute toutes les raisons, tous les prétextes invoqués pour suspendre ou arrêter l'analyse : « *cela n'avance pas assez vite* », « *cela me prend trop de temps* », « *cela finit par me coûter cher* », « *mon mari (ou ma compagne) ne veut pas que je continue* », « *mon patron a changé mes horaires de travail* »…

Toutefois, la peur n'explique pas tout. Il faut du temps pour ne plus penser au temps. Le temps qui passe pendant une thérapie. Le temps qui passe et que l'on compte au début en nombre de séances, et bien sûr en argent. Le temps qui passe et qui nous pose (et nous fait poser) régulièrement la question « *Combien de temps encore ?* ».

Oui, il faut du temps pour qu'un jour, on se surprenne à penser que le temps n'est pas important dans notre démarche. Qu'à force de penser au temps, on ne se donne pas tout entier à notre démarche. Qu'en se donnant tout entier à notre démarche, le temps devient secondaire ; il est laissé derrière. Le temps était une barrière. Une barrière que l'on tenait entre ses mains, la gardant devant nous au fur et à mesure que nous avancions, ne nous rendant même pas compte combien cela nous ralentissait de tenir ce truc dans les mains en nous cognant les tibias dessus.

Heureusement, dans le meilleur des cas, un moment arrive où on lâche. On peut lâcher quantité de choses en thérapie. On lâche des confidences, des souffrances, des secrets. On lâche des silences, nous qui, au début, voulions remplir de parole la moindre minute passée sur le divan. On lâche la pensée, longtemps tenue en laisse pour soi-disant la guider sur une illusion de priorités. On lâche la barrière du temps, on lâche le temps, qui devient quelque chose d'abstrait. La notion de temps finit par disparaître. Peu importe que le temps ait paru long ou trop court pendant la séance. On ne revient plus sur le temps passé, le nombre de séances vécues sur le divan, le questionnement sur le nombre de séances qui peuvent bien rester encore devant nous. A ce moment-là, nous commençons à apprendre ce qu'est la légèreté, ce qu'est l'investissement de soi dans ce travail de mineur qu'est l'analyse. Nous entrons alors vraiment et seulement à ce moment-là en thérapie.

Ne plus penser au temps, c'est peut-être une grande partie du secret de la démarche analytique. Lorsqu'on ne compte plus le temps, alors seulement le temps ne compte plus.

LE TEMPS EN THERAPIE

Chapitre 6
GAGNER DU TEMPS

Un constat banal, une évidence : tout va trop vite ! Si vous remontez le temps, vous retrouvez aisément la trace de tout ce que l'homme a inventé pour gagner du temps. Gagner du temps dans les transports, dans les rencontres, dans la communication, dans l'alimentation... Dans tous les domaines, on veut aller plus vite, encore et toujours plus vite.

Mais alors, avec tout ce temps gagné, nous devrions avoir plein de temps disponible pour faire autre chose. Eh bien non ! Nous n'avons toujours pas de temps. Où est passé le temps gagné ? Qui nous a volé ce temps ? Nous sommes nous-mêmes responsables de cette situation paradoxale. Nous en voulons toujours plus, et toujours plus vite. Nous sommes tous dans l'addiction de ce dont la société nous goinfre. Nous ingurgitons toujours plus d'images, nous nous goinfrons de toujours plus d'informations, de médicaments, de croyances... Nous devenons dépendants de cette alimentation contrainte.

Formidable régression que celle qui nous voit ainsi revenir à l'état de nourrisson ! Nous voici infantilisés, déresponsabilisés, complètement abrutis par ce gavage. Nous voici occupés à temps plein par le fait d'en vouloir toujours plus, de n'en avoir jamais assez. Et tout cela sans jamais de frustration. Surtout, pas de frustration ! Il y en aura toujours et toujours plus. Oui, surtout pas de frustration : c'est la meilleure façon de nous empêcher de penser. Et puis d'abord, penser, cela prend du temps, et du temps, nous n'en avons pas !

LE TEMPS EN THERAPIE

Chapitre 7
MILLE-FEUILLES

Un de mes professeurs avait l'habitude de dire « *Le présent n'est que l'épaisseur du passé* ». La formule permettrait peut-être d'éclairer un peu les jeunes lycéens qui viennent de passer le Bac et qui n'ont pas d'idée précise quant à la voie vers laquelle ils pourraient s'orienter. A ces jeunes adultes, je conseillerais de faire une licence d'histoire. A l'échelle des peuples, la connaissance de l'histoire est comme un socle qui permet de mieux comprendre l'évolution de l'humain. Elle permet de deviner ses prochains faux pas, de prédire ses répétitions. Elle est comme une porte d'entrée, qui donne sur quantité de destinations possibles et prépare à mieux appréhender les subtilités de l'être humain.

A l'échelle de l'individu, c'est aussi grâce à la connaissance de notre histoire personnelle que nous pouvons comprendre comment nous sommes devenus l'homme ou la femme que nous sommes aujourd'hui. Partir à la découverte de cette histoire personnelle, c'est entreprendre un long périple. Un peu comme si, en montant dans le grenier de la maison de votre enfance, vous découvriez un très vieil album photo dont la plus grande partie du contenu vous est inconnue. Où a été prise cette photo ? Qui sont cet homme, cette femme, sur la photo ? Et ce bâtiment, cette maison, cette chambre ? A qui appartient cette main ? Que me rappellent ce sourire, cette moustache, cette robe ?...

Ce voyage dans votre histoire, c'est aussi comme entrer dans un labyrinthe, faire cent fois le même parcours avant de pouvoir commencer à s'orienter, se faire peur, rebrousser parfois chemin, explorer une nouvelle piste, désespérer, retrouver confiance, accélérer le pas, douter, se souvenir de cet indice, ce feuillage, cette pierre, cette marque sur le tronc d'un arbre.

Ce voyage dans votre histoire, c'est une merveilleuse aventure, une navigation souvent houleuse et tempétueuse sur l'océan de toutes les émotions, de tous les sentiments humains. Alors seulement, parce que nous avons fait la conquête de notre passé, parce que nous savons d'où nous venons et ce par quoi nous sommes passés, parce que nous avons mis de la lumière là où régnait l'obscurité, parce que nous nous sommes affranchis de cette immense part d'ombre, nous pouvons ouvrir nos paupières, reconnaître cet être en disant « *Ainsi, c'est moi !* », et choisir en toute conscience ce que nous voulons être demain.

Et si l'on me dit qu'il suffit de s'occuper du présent et de regarder droit devant soi, alors je réponds que rien ne pourra empêcher que nous répétions nos erreurs et nos faux pas. Rien ne nous permettra d'habiter vraiment notre vie et de savoir ce qui différencie nos désirs profonds et les désirs dont les autres nous ont investis depuis toujours.

LE TEMPS EN THERAPIE

Chapitre 8
PARTIR EN DOUCE

Vous savez peut-être ce que répondait FREUD quand on lui demandait quelles étaient les qualités requises pour entamer une analyse ? Il disait : « *Il faut 3 qualités : du courage, du courage, et du courage* ». La chose se vérifie chaque jour lorsque l'on voit la persévérance de certains analysants et la fuite en douce de certains autres. Je dis *la fuite en douce*, car il y a bien des façons de mal finir une analyse ou une thérapie. On peut ne pas venir au rendez-vous suivant et ne plus donner de nouvelles. On peut prétexter un problème pour espacer les séances et défaire ainsi en quelques semaines le lien avec l'analyste ou le thérapeute. On peut aussi demander à faire une pause, ce qui revient au même. On peut enfin diviser, éparpiller l'énergie de son investissement thérapeutique en consultant parallèlement un praticien dans une autre approche, qu'elle soit psychique ou corporelle.

Voyez-vous, quel que soit le temps passé sur le divan, qu'il se compte en mois ou en années, il faut à une histoire sa fin, il faut à une partition musicale son point d'orgue. Partir en douce, c'est laisser quelque chose en suspens. C'est déposer le bilan et abandonner un chantier à ciel ouvert. Partir en douce, c'est ne pas savoir poser cet acte qui consiste à mettre en mots une séparation. J'insiste : quel que soit le degré d'avancement d'un travail thérapeutique, il faut que la décision soit dite. Peu importent les arguments mis en avant ; l'adieu ou l'au revoir sont un enjeu, un moment qui marquera l'histoire personnelle par sa fonction de coupure. La séparation d'avec l'analyste ou d'avec l'analyse, en tant qu'adulte s'adressant à un autre adulte, signifie qu'un chemin a été parcouru, que quelque chose de différent peut maintenant s'ouvrir, et que les séparations et coupures à venir inévitablement dans la suite de la vie pourront être vécues différemment de toutes celles qui ont fait souffrir l'individu avant sa thérapie.

AIMER

Il y a de nombreuses raisons d'aimer. On peut aimer parce qu'on se reconnaît en l'autre, comme si l'autre était un miroir de nous. Nous avons tant de choses en commun avec lui que nous nous ressemblons.

On peut aussi aimer parce que l'autre se comporte avec nous comme une ancienne figure aimée se comportait déjà avec nous et nous retrouvons avec lui le bien-être d'autrefois.

Nous pouvons également aimer parce que l'autre se comporte avec nous comme nous aurions aimé qu'une ancienne figure se comporte avec nous. Autrement dit, nous obtenons enfin quelque chose que nous n'avons pas eu et que nous avons espéré obtenir en vain : de l'attention, de la tendresse, des soins, de la sécurité...

Et puis, si nous avons vécu cette carence affective, si nous avons vécu dans l'attente d'un peu d'amour et d'attention, il se peut qu'à l'âge adulte, nous nous replacions dans la même situation. Nous portons alors notre choix sur un conjoint peu attentionné, dans l'espoir de vivre une version plus positive de notre enfance. Cette attitude-là repose évidemment sur une illusion qui nous fait répéter maintes fois des choix délétères sans que nous puissions comprendre que nous nous sommes oubliés dans le passé.

Oui, il y a de nombreuses raisons de ressentir de l'amour pour quelqu'un. Certains d'entre vous peuvent penser que toutes ces questions n'ont pas leur place dans un sujet comme l'amour, que l'amour ça se ressent dans le coeur et voilà tout, qu'il n'est pas important d'être conscient de la raison qui nous fait aimer telle ou telle personne.

Mais pouvons-nous aimer simplement, inconditionnellement et toute une vie une personne sans savoir pour quelle raison, au fond, nous l'aimons vraiment ? Sans conscience de la chose, ce n'est pas la personne de chair et de sang que nous aimons, mais seulement ce qu'elle représente pour nous. Et si nous souffrons parfois d'aimer, alors oui, il nous faut partir en quête de la figure qui se cache derrière l'homme ou la femme que nous aimons. Ce sera la meilleure façon de souffler sur les fantômes du passé, de nous ancrer dans le présent de notre vie, et d'inscrire nos sentiments dans le réel.

IL SUFFIT PARFOIS D'UN MOT

Tout est système, vous vous en souvenez ? Et plus le système est complexe, plus il emporte l'adhésion. Si ce constat est avéré à grande échelle, il faut en revanche le tempérer considérablement dans le huis clos de la relation thérapeutique. Là, dans cette intimité, il suffit parfois d'un mot pour que tout change. Prenons un exemple.

Au bout de quelques centaines ou milliers de consultations, on s'aperçoit que les plaintes des patients se répartissent plus ou moins clairement en deux grandes catégories. Il y a d'un côté celles qui s'organisent autour de la dépression, la peine, la tristesse, le repli sur soi, la dévalorisation, les larmes, le regret... Tous ces symptômes semblent comme en orbite autour d'un pivot que l'on identifierait comme étant la notion de perte.

Et puis, d'un autre côté, on trouve les plaintes qui évoquent la peur, l'angoisse, les phobies, la panique, les troubles compulsifs, les idées fixes... Ces symptômes-là semblent pour leur part s'organiser autour d'un pivot qui serait celui de la culpabilité.

Notion de perte d'un côté, notion de culpabilité d'un autre côté. Le simple fait d'évoquer la notion correspondant à la plainte du patient permet parfois de réduire aussitôt le champ de la plainte, d'éclairer le terrain, si je peux dire. En effet, le fait pour le patient de se poser la question « *Est-ce que j'ai perdu quelque chose ? qu'est-ce que j'ai perdu ?* », ou bien « *Est-ce que je me sens coupable de quelque chose ? et si oui, de quoi ?* », le fait de se poser cette question peut l'aider à faire lien avec ce qui le préoccupe au fond et qui se trouvait occulté par un agrégat d'évitements, de prétextes, de défenses, de dénis. Bref, voilà des questions qui permettent souvent d'élaguer un arbre touffu et de le ramener à une dimension offrant plus de visibilité.

De la même façon, il y a les patients qui, sur la durée, demeurent dans une plainte qui se répète, dans une demande d'aide permanente. Le seul fait de demander à quelle personne s'adresse vraiment cette plainte ou cette demande d'aide, et voilà que quelque chose se déclenche !

Oui, il suffit parfois d'un mot ! Comme un tremplin, comme une porte qui s'ouvre, une lumière qui se fait, et qui permet de sortir du cercle infernal de la répétition.

POINT DE BUTÉE

Deux patients viennent consulter la même semaine pour un même symptôme : alors qu'ils conduisaient depuis 20 ou 30 ans, ils ne peuvent plus prendre le volant de leur voiture. Une panique indicible s'empare d'eux, ils se mettent à trembler, leur respiration s'accélère, ils sont capables de s'arrêter n'importe où et d'abandonner leur véhicule au beau milieu de la chaussée : c'est l'angoisse !

Deux patients du même âge, présentant le même symptôme, donnant les mêmes détails, et formulant la même demande : une action thérapeutique rapide qui leur permette de reprendre le volant et d'oublier ces attaques de panique qui n'ont rien de raisonnable.

Face à eux, le même thérapeute, qui va recourir au même protocole et user des mêmes outils à visée purement symptomatique. Trois séances sont dispensées, espacées d'une semaine. Après la deuxième séance, l'un des patients reprend le volant ; il honore tout de même sa troisième séance, pour (je le cite) « *conforter les résultats* ». Six mois plus tard, il conduit toujours, comme si rien ne s'était passé.

Le deuxième patient, pour sa part, n'observe aucune amélioration à l'issue des trois séances. Il choisit néanmoins de persévérer et de faire deux séances supplémentaires, sans résultat. Six mois plus tard, il est sous antidépresseurs et anxiolytiques.

Que s'est-il passé ? Pourquoi des résultats aussi différents ? Pourquoi presque une formalité pour l'un et un échec douloureux pour l'autre ? Vous pouvez répondre qu'aucune approche ne remporte 100% de succès. Certes. Vous pouvez dire également que nous sommes tous différents. C'est déjà mieux. Mais alors, si nous sommes tous différents, peut-on imaginer de la part d'un praticien une action reconductible, répétitive, identique pour tous les patients ? Non, sauf à se croire tout-puissant ou à imaginer que c'est la technique apprise qui fait véritablement le travail.

Voyez-vous : apprendre une technique thérapeutique, un protocole, le déroulé d'une séance-type, tout le monde ou presque en est capable. Maîtriser la technique au point de l'oublier et en devenir un virtuose, c'est déjà réservé à une petite partie seulement des élèves. Mais le plus intéressant n'est pas là. Un moment arrive en effet où la technique, même si elle est maniée de main de maître, rencontre son point de butée. Et c'est là, au-delà de ce point de butée, que l'aventure thérapeutique commence véritablement. Cela s'appelle la rencontre avec la structure.

LE BONHEUR A TOUT PRIX

Nous avons tous envie d'être heureux, n'est-ce pas ? C'est d'ailleurs souvent l'absence de bonheur plutôt que l'accablement par le malheur qui fait entamer une thérapie ou une analyse. Mais qu'est-ce que c'est que le bonheur ? Un état ? Un mouvement ? Un concept intellectuel ? Ou plutôt affectif ? Ou les deux à la fois ?... Est-ce que le bonheur est dépendant de *l'avoir* ? Ou plutôt dépendant de *l'être* ?

D'abord, de quel bonheur parle-t-on ? Si l'on évoque celui que propose la société (ou plutôt qu'elle tente d'imposer), nous sommes en pleine confusion. Car il s'agit d'un bonheur fondé sur l'avoir et sur l'image, un concept créé de toutes pièces par une culture de la consommation, de la possession, et de l'exhibition. Ce bonheur là est conditionné par une jouissance à outrance, une jouissance sans limites, sans contraintes. Il s'agit d'être comblé vite et à tout prix.

Or, il n'y a pas de désir sans contrainte ; il n'y a pas de plaisir sans morale associée. Le bonheur est comme un concerto dans lequel plaisir et devoir se répondent avec harmonie, alliance indispensable au bien-vivre avec soi et avec l'autre, avec le groupe, la cité, la république et ses lois.

Le bonheur à tout prix, la jouissance sans limites, ce sont évidemment des leurres. Des miroirs aux alouettes qui effacent la notion de devoir, et donc de responsabilité. Cela n'est pas durable ; c'est un bonheur jetable, un bonheur kleenex, comme tout ce que propose la société de consommation.

Quant à attendre que le bonheur vienne de l'autre, là encore nous sommes en plein leurre. L'autre doit être un supplément dans notre vie, et non pas la condition nécessaire pour être heureux. Ce qui signifie que nous avons d'abord à nous aimer nous-même, à être bien en notre compagnie. La présence de l'autre dans notre vie sera alors un surcroît de bonheur venu de ce que l'autre apporte de plus dans nos jours.

Evidemment, ce n'est pas facile de se détacher de tous ces codes qui nous proposent une contrefaçon de bonheur. Ce n'est pas facile de se détourner de cet artifice de bonheur et de se montrer différent. Et pourtant ! savoir refuser les injonctions des media, les discours manipulateurs, les paillettes de la pub et du marketing, ce n'est pas refuser de désirer ; ce n'est pas se priver d'être heureux. C'est au contraire s'offrir la liberté de choisir le bonheur qui nous va, celui qui vient du fond de nous, un bonheur unique, personnel, et qui respecte la personne que nous sommes.

L'ATTENTION FLOTTANTE

Chaque analysant se pose des questions à propos de son analyste. Des questions sur sa vie privée, son passé, ses sentiments. Il se demande aussi ce qui se passe dans la tête de son analyste pendant les séances, si celui-ci est attentif à son récit ou s'il pense à autre chose.

En fait, tout au long des séances, l'analyste se trouve, comme le disait FREUD, en situation d'attention flottante. Cela ne veut pas dire qu'il lit son journal ou qu'il ouvre son courrier. L'attention flottante, cela signifie que l'analyste ne s'attache pas outre mesure au récit littéral du patient. Son attention flotte au-dessus des discours fleuves, au-dessus de la parole qui occupe tout le terrain, au-dessus de ce que l'on appelle la parole creuse, celle qui ne dit rien de la conflictualité de notre vie psychique.

Ce qui intéresse l'analyste, c'est l'autre dimension du discours, la couche du dessous. C'est le discours des silences, des hésitations, des lapsus, des modulations de la voix.

Pour que vous compreniez parfaitement, imaginez l'analyste comme un filtre au travers duquel passerait le discours de l'analysant. L'immense majorité des phrases et des mots le traverse de part en part sans laisser de trace. De temps en temps, un mot, une expression font retentir une alarme. C'est ça, l'attention flottante. Cela fonctionne de la même façon que ces détecteurs sous lesquels vous passez lorsque vous pénétrez dans la salle d'embarquement d'un aéroport ; ils sonnent uniquement lorsqu'ils détectent des substances très précises.

L'analyste est ainsi : il laisse s'établir une communication d'inconscient à inconscient puisque c'est sur ce terrain et pas ailleurs que tout se joue. Il laisse son inconscient se rendre disponible au discours de l'analysant ; il attend les résonances soudaines, la parole pleine et riche de sens. C'est seulement dans cette absence de concentration que l'acte analytique trouve alors à surgir et peut être posé.

D'INCONSCIENT À INCONSCIENT

Elle est là, devant moi, allongée sur le divan. Il m'arrive parfois de regarder les visages, de regarder les corps. Il me semble que je parviens à déchiffrer ce qu'ils racontent. A moins que j'imagine seulement. Je regarde les yeux, les cernes, le développement des muscles de la mâchoire. J'ai le sentiment de décrypter, de comprendre les tensions, les fermetures, les verrouillages. Un peu de l'histoire de la personne.

Elle s'est laissée décrocher de son état de veille et flotte maintenant paisiblement, dans un état de conscience que je partage avec elle. Un travail d'inconscient à inconscient. Tant que l'on n'a pas vécu cela, du côté du thérapeute, cela reste bien sûr une abstraction. Je suis sûr que vous avez presque tous l'image d'un praticien sérieux, qui réfléchit, qui a peut-être le front plissé, les sourcils froncés, qui construit ses questions, organise ses pensées, stratégise ses réponses ou ses silences, mesure et pèse chaque intervention. C'est sûr, cela n'a rien à voir avec un travail d'inconscient à inconscient. Dans le cadre que j'évoque, la pensée du thérapeute flotte autant que celle du patient. Au bout d'un moment, c'est comme si les deux inconscients se rapprochaient et partageaient une zone commune. On parle alors de porosité des inconscients. Cela démontre bien cette possibilité de communication silencieuse, cet échange, ce partage d'informations. Cela explique aussi la spontanéité avec laquelle les mots sortent de la bouche du thérapeute. Et encore l'étonnement ressenti par le patient (il en parlera à la fin de la séance) qui se sent aussi intimement reconnu par le thérapeute.

Moi : A quoi sert votre phobie de l'eau ?

Elle a un long silence. Puis :

- Elle me sert à ne pas reconnaître la peur que j'ai de ma mère.

Un autre jour.

Moi : A quoi sert le manque ?

Etonnement sur son visage. « *Quelle drôle de question*, est-elle probablement en train de se demander. *Comme si le manque pouvait avoir une utilité !* ».

Puis, après un long silence, un lien se fait, avec une autre séance comme venue d'un temps ancien :

- Un jour, pense-t-elle, il m'a demandé « A quoi sert votre phobie de l'eau ? ».

Il se passe alors quelque chose en elle. Je ne saurai jamais quoi, mais une pièce du puzzle en a rencontré une autre et ces deux pièces-là s'assemblent parfaitement.

Elle répond : « Le manque sert à créer du désir. »

Je souris. Nous sommes en phase.

« Et que faites-vous lorsque le désir est là, présent ? ».

Elle : « Je me mets en mouvement. Je cherche à le combler, à le satisfaire ».

Nouveau silence. Je lui laisse le temps de combler ce désir fantasmatique d'une façon tout aussi fantasmatique.

Puis, au bout d'un long moment :

Moi : Que se passe-t-il ensuite ? Que se passe-t-il lorsque vous avez satisfait ce désir ?

Infimes tensions sur le visage, juste là, entre les sourcils, avant qu'elle réponde : « C'est insupportable ».

Moi : Qu'est-ce qui est insupportable ?

Elle : « C'est insupportable parce qu'il n'y a plus de désir, il n'y a plus de mouvement, il n'y a plus rien ».

- Oui… Alors ? Qu'allez-vous faire ?

Elle conclut : "Je vais me remettre en état de manque".

- En état de manque ? Pourquoi ?

« Juste pour pouvoir à nouveau ressentir du désir ».

C'est comme si la boucle venait d'être bouclée par elle.

Je me laisse alors aller à demander : Comprenez-vous pourquoi vous êtes toujours en retard ? En tout ?...

« Oui, c'est pour retarder la mort. Tout ce que je termine, tout ce que j'achève, tout ce que je mène à son terme me renvoie à mon propre terme, à ma propre fin. Alors, qu'il s'agisse d'obligations ou bien de choses que je brûle d'accomplir, je les remets toujours à plus tard. Je les laisse en l'air. En ne les accomplissant pas, en les retenant suspendues, je laisse mon désir intact, je me garde désirante ».

ANGLES DE VISION

Imaginez une vallée entourée de nombreuses collines plus ou moins hautes. Au milieu de cette vallée, des hommes et des femmes vivent et travaillent, aiment, souffrent, commercent et se font le guerre. Sur les collines alentour, des chercheurs, des médecins, des sociologues, des thérapeutes. Tous regardent les hommes et les femmes dans la vallée mais chacun d'eux les regarde sous un angle différent. Et donc chacun d'eux va faire un récit différent de ce qu'il voit. Il va raconter une histoire qui va dépendre de l'angle sous lequel il regarde les gens de la vallée, qui va dépendre de la distance à laquelle il se trouve de ces gens, de l'heure de la journée, du temps qu'il fait, etc.

Voilà ce que je me disais alors que je relisais il y une ou deux semaines quelques pages d’un livre d'Arthur Janov, le médecin américain qui a modélisé ce qu'il a appelé la thérapie primale. A plusieurs reprises, dans ces pages, j'ai retrouvé une forte hostilité de la part de ce psychiatre envers la psychanalyse. Pourtant, chapitre après chapitre, voilà que l'on aborde des sujets comme la névrose, le refoulement, les mécanismes de défense... tous les concepts mis en lumière par Freud.

Et une fois de plus, je me suis fait la réflexion que de nombreux praticiens avaient, au cours du siècle dernier, regardé le même objet à partir de positions différentes, et en avaient donc eu chacun une perspective tout à fait personnelle. L'histoire de la tour de Babel est éternelle : tout le monde dit la même chose mais le dit avec ses propres mots, sa propre langue, imprégné de sa propre histoire. Après, il y a ce que l'on fait de sa pensée, de sa croyance, la forme qu'on lui donne pour la mettre en oeuvre dans l'action thérapeutique. Après, il y a le prolongement que l'on est capable, ou non, de donner à la pensée de ceux qui nous ont précédés.

EN FINIR AVEC LA PLAINTE

J'entendais récemment le directeur d'une chaîne de radio répondre à la critique de certains auditeurs qui disaient en avoir ras-le-bol de ces commentaires répétitifs des usagers confrontés à une grève. Les auditeurs trouvaient que les commentaires en question n'apportaient aucune information sinon celle de la persistance d'un mécontentement. Le directeur de la radio, pour sa part, défendait la présence des propos rapportés à l'antenne en affirmant qu'il s'agissait de reportages, au même titre que les reportages réalisés en Haïti, en Irak ou en Afganistan. Ce débat souligne à mon sens deux particularités de notre société.

D'abord, la *banalisation* de la plainte. On finit par ne plus faire attention à elle tellement elle est présente. Dans la rue, au bureau, à la télé ou à la radio, elle nous entoure, elle nous imprègne, elle se répète, elle bégaie. Que le prix de l'essence augmente, que la SNCF ou les contrôleurs aériens soient en grève, qu'un volcan souffle un nuage de cendres ou que la mer se déchaîne en dévastant un village, les media ressassent la plainte et plus aucune voix ou presque ne s'élève pour dire combien il est indécent de rendre finalement équivalentes la plainte d'une famille qui a perdu sa maison, la plainte d'une personne qui ne pourra assister à une communion à cause de la grève des trains, et la plainte de la rue après un attentat qui a fait des centaines de morts.

La deuxième particularité mise en évidence par ce débat à la radio, c'est la *normalisation* de la plainte. En s'imposant comme une évidence incontournable, naturelle, obligatoire, elle laisse entendre que la plainte est devenue plus qu'un droit, quelque chose de normal. Ne pas être dans la plainte, c'est ne pas être normal car tout le monde aurait des raisons de se plaindre et ne pas le faire, ce n'est pas normal. On en arrive presque à stigmatiser une population qui dirait aller bien, avoir bien sûr ses petits soucis quotidiens mais ne pas être forcément dans la plainte.

Cette banalisation et cette normalisation ont bien évidemment leurs conséquences dans le cabinet des psys. La plainte du patient s'exprime la plupart du temps à l'égard de l'autre, conjoint, voisin, employeur... A force de lire et d'entendre que c'est à l'autre que la faute incombe si notre vie n'est pas parfaite, nous en venons à incriminer n'importe quel autre, masquant ainsi toute possibilité de considérer notre propre responsabilité. Sortir de cette plainte-là, s'en extraire, c'est quitter enfin le monde de la répétition. C'est se couper délibérément de cette parole bégayante qui, partout autour de nous, hypnotise, limite, façonne, enferme dans une norme aberrante. Encore faut-il que le patient parvienne à accepter une certaine singularité qui, forcément, sépare, isole, fait apparaître comme différent. La chose n'est pas facile mais elle est gage de liberté.

DESTIN ET INCONSCIENT

Comment se défaire des répétitions infinies ? Comment faire cesser des compulsions aliénantes ? Quel est ce déterminisme qui ordonne la vie psychique avec une force parfois si tragique ? Est-ce un inconscient obstiné ? Ou s'agit-il de ces mots qui reviennent régulièrement aux oreilles des thérapeutes, les mots *destin* et *fatalité* ? Confronté à quelque chose qu'il ne comprend pas, le patient a en effet souvent tendance à trouver à ce quelque chose une origine bien pratique : le destin. C'est une façon commode de dire qu'on n'y est pour rien, et cette attitude est encore plus vraie lorsque des événements ont une fâcheuse tendance à se répéter au fil des mois et des années.

Alors, bien sûr, on peut me dire que toute croyance est bonne pour celui qui s'en dote, et que si un patient confronté à une répétition d'événements du même ordre s'en remet au destin, c'est qu'il doit y trouver son compte. Toutefois, la croyance en un *fatum* venu d'on ne sait où, décidé par on ne sait qui, et qui s'abat sur un individu en lui infligeant des souffrances répétées ne me paraît pas être le meilleur arrangement qui soit. Manifestement, de telles croyances ont un effet déresponsabilisant sur l'individu en faisant reposer la faute sur l'extérieur, sur une espèce d'entité ou de force que personne n'est capable de décrire ni de situer mais qu'on arrive à nommer : « *C'est comme ça, c'est le destin* ». Cette attitude empêche l'individu de croire en une possibilité de sa part d'agir sur les événements qu'il subit d'une façon répétitive. Ainsi aliéné, il nous rappelle cette phrase de Jung : « *Tout ce que nous n'aurons pas ramené à la conscience se manifestera forcément à nous avec le visage du destin ou de la fatalité* ».

C'est ainsi : tant qu'un individu confronté à un événement répétitif n'accepte pas de prendre au moins une part de responsabilité dans ce qui lui arrive, tant qu'il fait reposer la faute sur une quelconque fatalité, il n'y a aucune chance pour que les choses changent. Car ce qu'on ne veut pas savoir de soi-même finit toujours par arriver ou revenir de l'extérieur avec le visage de la fatalité. Si le patient accepte d'aller à la rencontre de ce qu'il ne sait pas encore de lui, alors il découvrira enfin qu'une part de lui agit dans le sens de la répétition et il aura, à ce moment-là seulement, la possibilité de faire cesser cette répétition.

LE FLÉAU DE LA PENSÉE POSITIVE

Il y a pour moi deux façons de considérer la pensée positive. Si l'on parle de l'héritage d'Emile Coué et du docteur Shultz, alors je reconnais bien volontiers que la pensée positive peut être bénéfique et modifier dans un sens positif nos états, nos comportements, nos façons de penser. Dans cette optique, je considère la pensée positive comme l'émission d'un désir dont on aimerait qu'il devienne un constat. Vous vous souvenez probablement de la fameuse phrase d'Emile Coué : « *Chaque jour, à tous points de vue, je vais de mieux en mieux* ». Il faut simplement reconnaître que le mode d'action de cette pensée positive est de l'ordre de l'auto-imprégnation, ou si vous préférez de l'auto-suggestion, ou pour parler plus clairement, de l'auto-hypnose. Alors oui, cette pensée positive fonctionne parfaitement et produit de très bons résultats sur soi. Et je souligne : *sur soi*. Car comme le disait encore Emile Coué : « *Entre la volonté et l'imagination, c'est toujours l'imagination qui gagne* ».

Mais là où les choses se gâtent, c'est lorsque l'on prétend que, grâce à la pensée positive, l'individu pourrait agir sur autrui ou sur la planète. Cette construction mentale, qui montre systématiquement toute situation et tout individu à travers un filtre de bonté, de beauté et de sérénité, censé transformer le noir et blanc en rose bonbon, cette façon-là de considérer la pensée positive représente un danger. En tant que négation du réel, elle induit une déresponsabilisation de l'individu. Elle l'imprègne de l'idée qu'il serait capable d'agir sur le monde alors qu'il est déjà bien difficile d'agir sur soi. Elle l'entretient dans une forme d'illusion et d'omnipotence qui rappelle l'enfance et dénote une régression à des stades archaïques de notre développement. Cette forme-là de pensée positive constitue un grand malheur. Elle fait de ses adeptes des asservis qui s'imaginent être des puissants ; elle déteint et fait tâche d'encre parce qu'elle apaise l'angoisse et que l'angoisse aujourd'hui imprègne la société toute entière. En ce sens, oui, j'assume ce propos : elle constitue un véritable fléau social.

LA SOLITUDE DU THÉRAPISANT

Il arrive parfois un moment, dans le cours d'une thérapie analytique, où le patient dit ressentir une forme d'isolement. Il parle de décalage par rapport aux autres, de sentiment de différence, de solitude, d'éloignement. Que se passe-t-il ?

D'abord, mettons en relief cette évidence : une personne qui change offre forcément l'image de ce changement à son environnement habituel : familial, amical, professionnel. Ce changement invite l'autre à se resituer, à s'adapter, à trouver une position différente. Ce faisant, cet autre se met lui aussi en mouvement.

Ce mouvement, cette position nouvelle de l'autre peuvent satisfaire l'analysant, ou pas. Il peut y avoir en effet rapprochement et meilleure compréhension, plus grande ouverture et dialogue plus riche. Il peut aussi se produire une aggravation de la fracture et un éloignement. Toutefois, même dans le cas le plus positif, la nouvelle position ne saurait être suffisante pour *mettre à niveau* l'analysant d'une part et son environnement d'autre part. Plus l'analysant progresse dans sa thérapie, plus une distance inévitable s'installe avec l'autre. Celui-ci reste en quelque sorte *derrière*.

Vous pouvez aisément faire l'analogie avec une course de fond. A un moment donné, un coureur va prendre la tête de la course et creuser d'une façon régulière la distance qui le sépare des autres coureurs.

Dans une thérapie analytique, la chose se comprend d'autant mieux : à force de creuser en lui, de se découvrir, d'apprendre à mieux se connaître, l'analysant devient de plus en plus clair, avec lui-même et avec les autres. Il prend conscience de ses projections, et aussi des projections que l'autre fait sur lui. Il utilise également les mots d'une façon différente. A force de les raboter sur le divan, à force de les désépaissir et de voir à travers eux par transparence, il entend peu à peu ce que les autres mettent derrière les mots. Il fait la part des rares mots utiles, des mots précieux, et la part de l'immense volume des mots creux, inutiles, des mots déchets. Il épingle les lapsus, note les mots qui font passerelle entre les individus et ceux qui font coupure. Derrière chaque phrase, il entend la demande car chaque parole est une demande.

Bien sûr, tout cela fait différence et l'on peut comprendre qu'un moment arrive, même dans un système au sein duquel les éléments seraient très proches les uns des autres, où la relation change en profondeur. « *Je te comprends mieux, mais tu ne me comprends toujours pas ; ma pensée a gagné en souplesse ; la tienne est toujours aussi rigide* », etc.

Toutes les différences qui se font jour entre l'analysant et l'autre en général invitent alors le patient à réfléchir sur la notion de norme. La norme opposée à la singularité. Cette liberté de choix fondamentale qui fait de l'analysant un clairvoyant dans un monde de malvoyants. Tout un éventail de possibles se déploie alors devant lui et le fait se sentir libre d'aller en toute responsabilité dans la direction de son choix. De se savoir différent et d'accepter cette différence.

LES ERRANTS THÉRAPEUTIQUES

C'est toujours très gratifiant pour un jeune praticien en thérapie brève de répondre à la demande du patient qui veut s'arrêter de fumer, ou modifier ses comportements alimentaires pour perdre du poids, ou encore faire disparaître une phobie. Le thérapeute peut se dire qu'il va dans le sens de l'autonomie de son patient. Et il est vrai que dans toute autre approche thérapeutique, l'éthique du praticien devrait faire de l'autonomie du patient la priorité. Or, force est de constater que le nombre d'errants thérapeutiques connaît une croissance exponentielle. Comment peut-on expliquer ce phénomène ?

D'abord, je crois, par l'éclosion permanente de nouvelles thérapies, ou plutôt de pseudo-thérapies, car il s'agit la plupart du temps d'habillages à la mode de principes ou de protocoles déjà maintes fois rhabillés. A chaque nouvelle éclosion, je me dis que c'est fou de voir le nombre de gens qui acceptent d'acheter des vêtements d'occasion pour le prix de vêtements neufs !

La deuxième raison qui concourt à l'augmentation de ces errants thérapeutiques, c'est la médiatisation de ces nouvelles approches, dont la présentation insiste toujours sur la brièveté et la nouveauté. Le gogo moyen, habitué qu'il est à céder aux sirènes de la nouveauté et à croire que parce que c'est nouveau, c'est forcément bon, adhère aussitôt. Pensez : non seulement on lui assure que ça marche, mais en plus cela va vite ! On peut toujours rêver.

Si vous êtes thérapeute, vous entendez évidemment comme moi de nombreux patients vous dire « *J'ai déjà essayé ceci et essayé cela ; j'ai fait tant de séances dans telle approche et aussi tant de séances dans telle approche... Je voudrais essayer votre technique* ». Ces patients sont devenus des errants thérapeutiques. A l'opposé de ce qu'ils imaginaient, ils ont perdu beaucoup de temps et beaucoup d'argent dans des démarches qui n'étaient de toutes façons à leurs yeux que des *essais* et qui présupposaient donc un échec possible. Le jour où, par bonheur, ils obtiennent un résultat positif, une fois sur deux ce résultat n'est pas durable et l'errance recommence, à moins que la résignation l'emporte, avec les conséquences que cela implique sur la vie quotidienne en aigreur et frustration.

Face à ces patients, il faut à mon avis avoir le courage de dire certaines choses, quitte à les choquer, les vexer, les peiner. Quitte à perdre ces patients, tout simplement. Ce qu'il faut avoir le courage et l'honnêteté de leur dire tient en peu de mots, et ce, quel que soit le symptôme dont ils se plaignent. « *Vous me dites avoir lu ou entendu que telle approche permet d'obtenir des résultats très rapides. C'est vrai : certaines formes de cette approche thérapeutique permettent d'obtenir auprès de certains patients de tels résultats. Seulement, souvenez-vous de ce que je vous dis aujourd'hui : si, dans deux ou trois séances, vous ne trouvez pas dans votre vie quotidienne des signes vous montrant clairement que quelque chose est en train de bouger en vous, qu'un processus de changement s'est mis en mouvement, si vous n'avez pas de tels signes, alors ne persévérez pas. Et surtout, surtout, ne poursuivez pas votre errance auprès d'autres praticiens utilisant des approches comportementales différentes. Dites-vous que votre quête ne sera pas apaisée en restant à la surface de vos comportements. Il sera alors temps d'avoir du courage et de vous tourner vers une approche des profondeurs. Que vous choisissiez la psychanalyse, l'hypnoanalyse, la somatoanalyse, l'analyse bioénergétique, une psychothérapie des plus classiques, peu importe. Mais cessez de vous leurrer. Arrêtez de croire que l'on peut transformer une mer houleuse en mer d'huile juste en soufflant sur les vagues* ».

Si vous avez le courage et l'honnêteté de tenir ce langage à ces errants thérapeutiques, alors peut-être certains d'entre eux vous entendront-ils. Et c'est toujours un vrai bonheur que d'entendre ou d'apprendre que tel ancien errant a finalement fait le pas. Et peu importe que ce soit avec un autre thérapeute que vous ! Maintenant, si votre ego en prend un coup, c'est que vous n'avez pas assez creusé en vous ; retournez sur le divan de votre analyste et continuez votre travail de polissage et d'éclairage.

L'ÉPAISSEUR DU PASSÉ

L'Antarctique ! Un continent blanc. A perte de vue. Et là, sur la glace, un explorateur. Il connaît bien ces étendues, il les a déjà maintes fois parcourues, il en connaît les merveilles, et aussi les pièges. Aussi, ce jour-là, lorsqu'un blizzard terrible commence à se lever, notre homme sait à quoi s'attendre. Il cesse de pousser son traîneau, sort sa hachette et construit un igloo, comme il a appris à le faire. L'igloo, seul rempart contre ces tempêtes de neige qui durent parfois des jours, voire des semaines. L'igloo, seule protection contre le froid et le vent. Seule possibilité de survivre dans cet univers hostile.

Notre explorateur s'enferme donc dans son igloo. Il a avec lui suffisamment de vivres. Il va pouvoir résister. Il se sent en sécurité.

Je ne sais si vous vous êtes déjà retrouvé dans un environnement dans lequel ne subsiste plus aucun repère. Il se passe quelque chose de très particulier. A moins d'avoir une montre et de la lumière, on perd assez vite la notion du temps qui s'écoule. Et cette tempête-là dure si longtemps que peu à peu, notre explorateur perd ses repères habituels. Jour, nuit, veille, sommeil... il se désadapte. Un moment arrive même où il se demande s'il n'est pas en train de devenir fou, s'il n'est pas sujet à des hallucinations. En effet, en regardant autour de lui dans ce petit espace de glace, il a de plus en plus l'impression que les parois se rapprochent de lui. "*Absurde* !" pense-t-il. *Si le vent peut déplacer la glace, c'est l'igloo tout entier qu'il déplace*". Et le temps continue à s'écouler. Et l'homme est de plus en plus mal à l'aise car il lui semble que son impression se confirme : les parois sont bien en train de se rapprocher de lui ; il se sent de plus en plus à l'étroit dans son igloo. D'ailleurs, des preuves lui permettent de comprendre qu'il ne devient pas fou. Il prend des mesures aves ses mains, il pose des objets comme des repères. Et il finit par s'en convaincre : l'espace dans l'igloo diminue objectivement.

Combien de temps faut-il à son esprit d'homme de science pour avoir l'explication de ce phénomène ? Je ne sais pas. L'explication, c'est que l'air qu'il respire et qu'il expire, cette buée qui sort de sa bouche va se fixer tout autour de lui sur la paroi de l'igloo et gèle aussitôt, faisant épaissir la paroi de son cocon de protection. A chaque expiration, il perd un peu plus d'espace autour de lui. C'est fou de songer qu'avec le temps, ce qui représentait pour lui la survie, la sécurité, la protection, est en train de devenir son cercueil !

Il n'a plus le choix : il doit faire quelque chose. Il doit abandonner cette armure illusoire, ou tout au moins creuser quelques fissures dans la glace pour faire respirer l'intérieur de son abri.

Comprenez-vous la métaphore ? Des igloos intérieurs, nous en avons tous construit dans notre enfance. Au moment où nous avons édifié ces défenses psychologiques, nous n'avions pas le choix de faire autrement, c'était pour nous une question de survie, et il est vrai que ces boucliers nous ont bien protégés. De la peur, de l'angoisse, de la terreur, de l'horreur...

Seulement, le temps a passé. Et le drame, c'est que ce qui nous a sauvés lorsque nous étions enfant est resté autour de nous, comme une couche de protection devenue inutile. Inutile parce que les dangers du passé ne sont en effet plus là. Et avec le temps qui passe, cette armure s'épaissit, se rigidifie, se rouille, et restreint nos mouvements, et ralentit notre pensée, et rétrécit notre vie toute entière, et crispe nos muscles et nos tendons, nous fait respirer moins amplement, nous vole peu à peu notre liberté. Nous croyons nous défendre contre les soucis du présent, alors que nous continuons à lutter contre les fantômes du passé. Nos défenses contre les démons de l'enfance sont devenues des remparts contre la vie de l'adulte que nous sommes devenus.

Voilà ce que sont les mécanismes de défense. Et ce que sont les grandes questions que l'on doit se poser : « A *quoi me servent aujourd'hui ces mécanismes ? En quoi m'entravent-ils ? Qu'est-ce que je perdrais à les abandonner ? Et qu'est-ce que je perds à les conserver* ? ».

ELOGE DU SILENCE

Cet après-midi, l'une de mes consultations a commencé comme l'éruption d'un volcan. A peine allongée sur le divan, l'analysante s'est mise à parler. Comme un fleuve au débit puissant, indomptable. Comme une crue, la parole a jailli, dense, rapide, essoufflée.

J'ai alors pensé à Emmy von N, cette milliardaire suisse dont on peut dire qu'elle a signé l'acte de naissance de la psychanalyse, à l'époque où Freud pratiquait encore l'hypnose. Freud démarrait son protocole habituel lorsque Emmy s'écrie « *Ne dites, rien, ne me touchez pas, laissez moi parler* ». Et c'est toujours ainsi pour chaque analysant.

Je pense aussi à Anna O., Anna que Breuer visitait très régulièrement. Breuer empathique, Breuer gagnant la confiance de sa patiente. Anna prenant l'habitude de raconter à son médecin tous les désagréments de sa journée, et se sentant ensuite soulagée de ce récit. Anna qui se met un jour à raconter en détail les circonstances de la première apparition de ses symptômes. Anna qui voit à son grand étonnement disparaître peu à peu chacun des symptômes évoqués. Anna qui, devant ces résultats, se met à raconter ainsi l'histoire de chacun de ses symptômes et donne à sa thérapie le nom de *talking cure* (cure par la parole), ou encore de *chimney sweeping* (ramonage de cheminée).

Oui, c'est la même aventure pour chaque analysant. C'est la même parole qui dit les symptômes, les lapsus, les actes manqués, les rêves... C'est la même parole, à condition de lui laisser la place dont elle a besoin. Toute la place.

Si vous connaissez l'écrivain américain James Sallis, vous connaissez peut-être son héros John Turner qui, après avoir été voyou, policier, shérif, après avoir fait des études de psychologie, devient psychanalyste. Un jour, son superviseur lui soumet la situation suivante :

« Tu es dans une mégapole. Tu marches sur un trottoir lorsqu'un homme tombe du haut d'une tour et s'écrase juste là, devant toi. Tu accours, tu t'accroupis près de lui et tu l'entends murmurer « *Je ne pourrai jamais dire à Gloria combien je l'aime* ». Qu'est-ce que tu lui dis ? ».

Et comme John Turner met un peu trop de temps à répondre, son superviseur lui dit : « *C'est ça, tu ne dis rien, tu te tais, tu le laisses parler* ».

Voilà le grand secret, le plus grand secret, la plus belle et la plus respectueuse façon d'aider le patient à progresser. Même si les lèvres vous brûlent, même si vous pensez avoir une bonne intuition, taisez-vous ! C'est le temps de l'autre, c'est son espace. Parler, c'est empiéter sur son territoire et borner, limiter ses possibilités d'expression. Voulez-vous être son censeur ? Ou bien celui ou celle qui lui montre l'étendue de ses possibilités ? Qui lui révèle la liberté dont il ne soupçonnait pas l'existence devant lui dans sa vie ? Laissez le silence faire son oeuvre. Taisez-vous.

FIN

Made in United States
Troutdale, OR
11/03/2026

56844662R00126